구속사
성경해석과 설교

– 신명기 –

INTERPRETATION REDEMPTIVE HISTORICAL
AND PREACHING OF THE SCRIPTURE

구속사성경신학연구원

하늘기획

구속사
성경해석과 설교

– 신명기 –

INTERPRETATION REDEMPTIVE HISTORICAL
AND PREACHING OF THE SCRIPTURE

구속사성경신학연구원

너희가 성경에서 영생을 얻는 줄 생각하고
성경을 연구하거니와 이 성경이 곧 내게 대하여
증언하는 것이니라 (요한복음 5:39)

Search the scriptures; for in them ye think
ye have eternal life: and they are they
which testify of me.

책을 열며

그리스도교는 성경이 교회의 설립과 존립(存立), 성도의 신앙과 생활의 유일한 법칙이라는 신조 위에 서 있다. 왜 성경이 교회와 성도의 신앙과 생활의 표준이 되는가? 그것은 성경 그 자체의 권위 때문이다. 성경은 사람들이 쓴 글이지만 하나님의 감동으로 된 계시의 말씀이다. 하나님의 성언(聖言), 계시라는 그 자체에서 권위가 드러나는 것이다. 또한 성경의 권위가 해석이라는 중계를 통해서 그 본문이 '케리그마(Kerygma)'로 선포될 때, 말씀의 권위가 세워진다.

이 세상의 모든 창조에는 원리 · 원칙이 있다. 이를 가리켜 창조의 질서와 조화라고 한다. 성경에도 성경을 풀이하고 해석하는 원리와 원칙이 있다. 하나님께선 무엇 때문에, 무엇을 드러내시려고 성경의 저자들에게 성령님의 감동 가운데 자기의 뜻을 알리셨는가? 과연 성경 계시의 원리 · 원칙은 무엇인가? 예수 그리스도의 구속사이다. 구약 성경은 오실 메시아의 언약과 선지자들의 예언으로 그 안에서 하나님의 영광과 인류 구원을 성취하러 오시는 예수 그리스도를 알리셨다. 구약의 구속사이다. 신약 성경은 하나님의 영광과 인류의 구원을 십자가 구속으로 이루신 그리스도를 선포한다. 사도들과 전도자들은 오직 십자가와 부활의 구속사를 증언했다.

국내외적으로 누구도 하지 않는 구속사 주석과 설교문을 쓰는 일은 천학비재(淺學菲才)한 저자에겐 너무도 벅차고 힘든 일이다. 다만 나의 사랑하고 경외하는 그리스도께서 주시는 은혜 속에서 2007년 8월부터 2015년 말까지 약 9년에 걸쳐 신약 성경 전부를 우리 주 예수 그리스도의 구속사로만 주석하여 한국교회에 내놓았고, 또한 지금까지 구약 성경 시편까지 주석을 마쳤다.

2010년부터 몇몇 구속사에 뜻있는 동역자들과 '구속사성경신학연구원' 을 시작했고, 10여 년에 이르도록 구속사 연구의 길을 함께 가는 중이다. 여러 목회자의 요청으로, 창세기에서 많이 설교하는 본문을 선정하여 구속사 성경 해석과 설교문을 출간한 것을 계기로 2019년 4월 출애굽기, 2019년 9월 레위기, 2020년 4월 민수기, 그리고 이번 가을, 신명기까지 모세오경을 모두 내게 되었다. 이 모든 게 나의 주님의 선하신 은혜일 뿐이다.

코로나 펜데믹(pandemic)으로 우리 생활이 통제되고, 예배 또한 흔들리고 있다. 아무리 그렇다 해도 구속사는 우리가 계속 붙잡아야 할 본질이고 핵심이고 원칙이다. 앞으로 우리 한국교회는 많은 것이 달라질 것이다. 하지만 우리 주 예수 그리스도의 십자가 보혈과 다시 사신 구속사는 결코 희색 되거나 흔들리지 않는 그리스도교의 본질이고 진리고 하나님의 소리다.

애틋함을 잊지 않고 구속사 모임을 끌어주고 있는 김동형 이사장과 여러 임원, 소제(小弟)와 함께 구속사 연구를 밝혀주는 많은 회원과 함께 모세오경 발행을 축하하고, 10주년을 더없이 기뻐하고 싶다. 참 고맙다.

2020년 11월 20일

나를 데리러 오실 주님을 기다리고 사모하며

구속사성경신학연구원

원장 **이 준 일**

목 차

구약의 구속사 해석과 설교

신명기

신명기 총론

오경에서 신명기는 마지막 책으로 '다섯 번째 책' (סֵפֶר חֲמִישִׁית · 세페르 하미시트)이다. 하나님의 형상(영적 존재)과 하나님의 모양(육적 존재)으로 창조된 인간은(창 1:26~28) 불멸의 존재였다. 그러나 공중의 권세 잡은(엡 2:2) 옛 뱀 · 큰 붉은 용(계 12:3, 17:3)의 유혹에 빠진 아담의 타락으로 모든 인간에게 원죄가 물려졌고(창 2:17), 영생에서 영멸(永滅)로 무저갱(無底坑)에 던져진 것이다(창 3:17~19, 계 20:14~15).

그때 하나님이 '세상을 이처럼 사랑하사 독생자를 주시려는 예정' 가운데(창 3:15, 요 3:16) 메시아의 구속사를 출발시킨 자는 아브라함이요(창 12:1~3), 메시아의 구속사가 성취되는 곳은 언약의 땅 가나안의 베들레헴이다(미 5:2). 그러므로 구속사의 첫 번째 기록은 모세오경으로 메시아께서 하나님의 영광과 인류 구속을 위해 어떻게 이 세상에 오셨는가, 어떻게 언약의 땅 가나안에 성탄 하셨는가, 하는 상세한 기록이다.

구속사로 모세오경을 보면, ①창세기는 구속사의 기원을 아브라함에게 두고(창 12:1~3), 그 계보로 이삭, 야곱, 유다까지 출발시키며, 요셉에 의해 이방 땅 애굽에서 구속사 백성이 만들어진다. ②출애굽기는 메시아만 모시는 구속사 백성이 되기 위해 애굽을 떠나 언약의 성지(聖地) 가나안으로 출발한다. 호렙산에서 율법이 계시되고, 메시아의 모형인 성막(회막)이 제조되었다. ③레위기는 광야와 가나안 땅에서 구속사의 성민으로 하나님께 드리는 예배이다. ④민수기는 메시아가 오실 언약의 땅 가나안을 향해 가는 1차 백성의 수와 40년 후 2차 광야 백성의 수를 계수한다. 구속사를 성취하시려고 메시아가 오시는 그 언약의 땅에 아무리 선민 아브라함의 자손이라도 구속사에 합당한 백성이 아니면 40년 동안 모두 광야에 묻혔다(민 14:20~38, 히 3:14~4:13). ⑤신명기는 구속사 없는 1세대는 광야 40년 동안 다 죽고, 새로 태어난 2세대에게 다시 시내 산의 계명과 율법의 강론이 펼쳐진다. 이를 '계명과 율법의 보충 규례' 라고 한다.

구속사 진행으로 볼 때, ①창세기는 에덴에서 애굽까지의 여정이고 ②출애굽기는 애굽에서 시내 산까지 ③레위기는 일 년 동안 시내 광야에 머물렀던 기록이며 ④민수기는 시내 산에서 모압 평지까지 ⑤신명기는 모압 평지에서의 기록이다. 시내 산에서 가데스와 모압 평지까지는 장년 걸음으로 7~8일 걸렸고, 노약자와 함께 가도 열 하룻길이다. 이렇게 가까운 길을 이스라엘은 구속사 신앙의 불순종으로 무려 40년이나 걸렸다. 어느 시대든지 구속사 신앙이 아니면 언약의 땅 가나안도, 영원한 안식의 나라 천국에도 들어갈 수 없다는 것을 성경은 경고한다.

1. 명칭

본서의 히브리어 명칭은 유대인의 관례를 따라 '엘레 핫데바림(אֵלֶּה הַדְּבָרִים · 이것들은… 말씀들이다)' 으로 불린다. 유대인 랍비의 전승에는 하나님께서 모세를 통해 권면, 책망, 징계적 교훈을 많이 주셨다 하여 '세페르 토카하트(סֵפֶר תּוֹכַחַת · 책망의 책)' 라고 했다. 70인 역(LXX.)에서는 '율법서의 등사본' 을 잘못 번역해서 '두 번째 율법' '율법의 반복' 이라고 했다(17:18). 그러나 의미상 이 명칭은 잘못된 것은 아니다. 본서에는 새로운 율법도 있지만 이미 앞선 율법서(출애굽기, 레위기, 민수기)의 내용이 재해석되거나 반복되기 때문이다. 그렇기 때문에 벌겟 역(vulgate) 역시 70인 역의 번역을 따라 '듀테로노미움' (Deuteronomium)이라 하였고, 우리말 번역은 '신명기(申命記 · Deuteronomy)' 라고 했는데 '하나님의 말씀' 즉 '메시아의 구속사' 이다.

2. 저자

신명기는 오래전부터 모세의 저작을 말하고 있는데, 성경의 내증과 외증이 증명하고 있다. 모세의 저작을 증명하는 여러 자료는 다음과 같다.

첫째, 신명기는 다른 책들과 문체적, 역사적, 내용으로 일맥상통(一脈相通)한다. 더구나 오경 전체에서 구속사 진행이 계속 이어지고 있다.

둘째, 신명기에는 모세의 이름이 40여 회나 나오며, 그 대부분 권위 있는 자신이 본서의 저자인 것을 강조하는 일인칭 표현이 여러 차례 나타난다(1:9, 16, 18, 3:21 등).

셋째, 본서에는 모세가 가나안의 주역이 될 새로운 세대, 선민으로 준수해야 할 여러 규례와 법도를 가르쳤다는 내용이 명시되었다(4:4, 14, 5:31).

넷째, 신약성경의 신명기 인용은 80여 회나 된다. 무엇보다 예수님께서 신명기를 자주 인용하셨다.

다섯째, 예수님께서는 모세의 글(오경)은 자신의 성경이라고 밝히셨다(눅 24:27, 44절).

한편 신명기 34장은 모세의 죽음에 대한 기록인데(34:5~6) 어찌 죽은 자가, 자신에 대한 글을 쓸 수 있겠느냐며 모세의 저작을 부인한다. 이에 대한 답변은 ①모세가 미리 썼다. ②편집자가 모세의 마지막 성경인 신명기 34장에 이 부분만 부록으로 두었다. ③여호수아가 이 부분(34장)만 모세의 이름으로 썼다. ④모세 시대 제사장이나 수종 드는 레위인이 모세의 부탁으로 부록으로(31:24~29) 남겨 두었다는 견해도 있으나 어느 것도 확실하지는 않다. 그래도 ④이 좀 더 분명한 해석이다.

3. 연대

오경은 모세의 저작이라고 할 때, 창세기루는 기록 연대를 측정하기가 난감하지만, 출애굽기의 출애굽 연대로부터 측정하면 그리 어렵지 않다. 이스라엘은 가데스의 반역 사건(B.C. 1445년 9월경)으로 인해(민 13:31~33, 14장) 40년 광야에서 1세대는 다 죽고 다시 2세대가 가데스에 집결하여 제2차 가나안 정복을 시작한다(B.C. 1406년 1월). 마침내 요단강을 건너기 직전 최종 정착지였던 모압 평지에 주둔하게 되고(B.C. 1406년 6, 7월경), 모세는 '여리고 맞은 편 모압 땅에 있는 아바림 산에 올라가 느보 산에서' (32:49) 최후를 맞는다. 그렇다면 모세는 B.C. 1406년 11월경쯤 본서를 썼다고 볼 수 있다(1:3).

4. 목적

사복음서 중 요한복음은 공관복음에 삽입되지 않은 예수님에 대한 전기(傳記)를 보충시키려고 거의 40년이 지난 후에 기록했다. 신명기도 이와 유사하다. 모세 오경 중 3권(출애굽기, 레위기, 민수기)은 가데스 바네아에서 광야 40년을 지나왔던 1세대를 위해 기록했다면, 마지막 책인 신명기는 1세대는 죽고 2세대가 남았을 때 그들을 위해 앞의 내용을 보충하면서 다시 예언 계시로 주시는 하나님의 말씀을 받아쓴 것이다.

첫째, 신명기를 받는 이스라엘 백성은 1세대처럼 애굽의 노예 생활이나 홍해 도강(渡江), 광야 이적, 시내 산의 성막과 계명과 율법을 전혀 모르는 신세대였다. 1세대가 출애굽 하여 열흘 남짓 걸으면 들어갈 수 있는 가나안 땅을 40년이나 방황했는지 2세대는 모른다. 그래서 모세는 이것은 하나님 은혜의 배반이고, 계명과 율법을 버린 하나님께 대한 신성모독이고, 하나님께 반역한 불순종인 것을 거듭해서 깨우쳤다(32:7).

둘째, 1세대가 하나님의 은혜를 배신하고 반역하여 언약의 땅 가나안에 들어가지 못하고 광야 40년 동안 모두 소멸했다면 2세대 자손도 마찬가지라는 것이다. "너희는 말씀을 경청하고 그 뜻을 순종하여 하나님의 은혜와 복을 받으라" 고 교훈한다(33장).

셋째, 2세대는 언약의 땅에 입성하여 아브라함과 이삭과 야곱에게 언약하신 축복 속에서 안식을 누리며 살게 될 실제적인 가나안의 주인, 구속사 백성이 될 것인즉 ①우상 숭배하여 하나님을 배신하지 말 것 ②이방인과 혼인하여 영육간 타락하지 말 것 ③가나안의 문명과 문화, 윤리 도덕의 패역과 타락으로 짐승처럼 되지 말 것을 크게 경계하셨다(13장, 18장).

넷째, 1세대가 출애굽 하여 일 년 동안 시내산에 머물면서 십계명과 율법을 받았는데도(출 19~24장) 그것을 지키지 못하고 버렸으므로(출 32장) 다시 성막 제조와 율법을 세우셨다(출 33~40장). 그래서 하나님께서는 가나안에 들어가자 마자 먼저 십계명을 새롭게 주셨고, 계명과 율법으로 선민 이스라엘을 철저하게 재교육시키도록 명하셨다(6~12장). 이를 가리켜 '모세 계명과 율법의 혼의 교육' 이라고 한다.

5. 내용

애굽의 노예로 살다가 430년 만에 출애굽 한 이스라엘은 40년 광야에서 1세대는 다 죽고, 광야에서 태어난 2세대에게 계명과 율법의 강론, 히브리 민족의 언약 사상, 메시아의 구속사를 재교육시킨다. 신명기의 신앙 훈련과 율법 · 계명 · 계약의 재교육이란, 이미 출애굽하여 40년간 광야에서 해 왔던 교육의 반복과 보충이라 할 수 있다. 신명기에서 특이한 점은 모세의 3대 설교이다.

(1) 첫 번째 설교(1:1~4:43)

히브리 민족의 출애굽과 광야 40년의 과거 역사를 회고하면서 하나님의 은혜와 사랑을 감사하고 있다. 그러나 유대 백성의 여러 번 하나님을 배신하고 배은망덕하고 불순종하고 반역한 일을 기록했다.

(2) 두 번째 설교(4:44~26:19)

하나님께 선택된 메시아의 백성에게 합당한 믿음과 삶이 되기 위해서 ①십계명 ②율법의 교육 ③윤리와 도덕적 생활의 기본법 ④십일조 ⑤희생 제사 ⑥절기 예배가 설교 되었다.

(3) 세 번째 설교(27:1~34:12)

미래에 대한 예언적 권면이고, 하나님 백성으로 정의로운 신정국가를 세워서 열방 모든 나라의 장자(출 4:22)와 그들의 모범이 되는 제사장이 될 것을(출 19:6) 설교하고 있다. 그렇게 되면 예루살렘 성전은 세계 만민의 경배 장소로 성지(聖地)가 되겠지만, 그렇게 되지 못할 땐 세계만방의 비웃음과 조롱거리가 될 것이다(26:16~19, 28장).

6. 신약성경의 신명기 인용

신명기는 신약성경에서 가장 많이 인용되었다. 예수님께서도 모세의 글을 많이 인용하셨는데 광야에서 40일간 사탄에게 받으셨던 3가지 시험도 모두 신명기의 말씀으로 물리치셨다. ①첫 번째 물질적 시험(마 4:4)은 신명기 8:3으로 이기셨고 ②명예 시험(마 4:5~7)은 신명기 6:16으로 물리치셨고 ③우상 경배 시험(마 4:8~10)은 신명기 6:13으로 패배시키셨다.

또한 예수님께서는 신명기 6:4~5의 '쉐마(שְׁמַע)' 를 마태복음 22:38에서 '크고 첫째 되는 계명' 으로 규정하셨고, 십계명을 '하나님의 계명' (막 7:9~12, 10:17~19) '하나님의 말씀' (막 7:13)으로 표현하셨다. 나아가 예수님께서는 바리새인의 이혼 질문에 대한 시험(마 19:3)은 하나님의 창조적 일남일녀의 내용으로 답하셨고(창 1:27, 2:24, 5:2), 죄를 범한 형제를 다룰 때는(마 18:15~16) '두 사람의 증인을 세우라' 고 하셨다(17:6, 19:15).

사도들도 신명기 사상을 들어 자기들 성경에 인용했으니, 베드로는 신명기 18:15, 18절에 예표된 '모세와 같은 선지자' 를 예수 그리스도라고 증언하였고(행 3:22, 23, 7:37), 선민 이스라엘(7:6, 14:2)을 영적으로 신약시대의 성도라고 했다(벧전 2:9). 바울 사도는 신명기의 각종 율례를 많이 인용했는데 그중에서 '기록된 대로' 라는 성구를 전제하면서 신명기 21:23, 27:26을 인용했고(갈 3:10, 13절), 십계명의 일부도 이런 방식으로 인용했다(롬 7:7, 13:9, 엡 6:2). 또한 로마서 10:6~9에서 신명기 30:12~14의 말씀을 그가 설교한 '믿음의 말씀' 과 동일선상에 두었다. 신명기 18:1~2, 25:4을 들어 하나님의 사역을 하는 교역자에게 생활비를 지급하는 것은 당연한 교회 의무라고 했다(고전 9:9, 3~14절).

7. 구속사

신명기의 구속사는 다른 어떤 성경보다 많이 드러나고 있다. ①창세기는 성자께서 창조 전부터 성부와 함께 계시면서 천지 만물의 조성자가 되셨고(잠 8:22~31, 요 1:1~3) ②출애굽기는 자기 백성을 이방에서 구원 시켜 언약의 땅 가나안에서 구속사를 이루신다는 것 ③레위기는 구속사의 백성으로 자기 신에게 제사(예배)드리는 성부와 성자와 성도 간의 깊은 친교가 내재해 있고 ④민수기는 오직 구속받은 메시아의 백성만 언약의 땅 가나안에 구속사를 이루려고 오시는 그리스도를 모시러 들어간다는 내용이다. 그렇다면 신명기와 예수 그리스도의 구속사 관계는 어떤가. 가장 드러나는 구절은 신명기 18:15이다. "나와 같은 선지자 하나를 일으키시리니" 라는 말씀은 예수 그리스도 자신이라 할 수 있다(요 1:14, 18절).

모세는 영적으로 이스라엘 3대 직분을 맡았는데 ①통치자로 왕의 직책을 맡은 건(33:4~5) 만민의 왕으로 오신(마 2:1~2, 미 5:2) 예수님을 예표 한다. ②하나님과 백성의 중보자로(출 32:11~14) 제사장직을 맡기도 했는데 이것은 온 인류의 대제사장 되시는 그리스도를 상징한다. ③하나님의 말씀을 받아 전하는 선지자가 되기도 했는데(1:1~3, 2:1~7 등) 이것은 예수님의 선지자 직분을 가리킨다.

또한 예수님께선 하나님의 아들로 오셔서 전 생애를 구속사로 보내셨는데 이것은 메시아의 구속사를 진행하려고 하나님의 구속사 도구로 보낸 모세의 일생과 같다. ①위험천만한 출생(출 2장, 마 2장) ②승귀(昇貴)의 신분(출 2:10, 요 1:1~3, 14, 18, 히 11:24) ③비하(卑下)의 신분(출 2:14~15, 사 53:1~3, 마 2:23, 빌 2:5~8) ④하나님의 계시(출 3:1~5, 마 3:16~17, 눅 9:29~31) ⑤구속사의 성취를 위한 40일 금식(출 24:18, 마 4:2) ⑥백성들의 배척(출 2:11~15, 5:15~21, 눅 4:28~30) ⑦백성의 중보자 사역(출 17:1~7, 32:11~14, 30~35, 요 17:9~15, 요일 2:11) ⑧하나님의 구속사 경륜(經綸)만을 위해 바친 그의 생애가 그렇다(출 34:10~12, 마 27:54).

8. 성경 해석과 설교문 개요

신명기는 가나안 입성 직전 모압 평지에서 모세가 행한 3편의 설교를 중심으로 구성된 계명과 율법의 교육적 성경이다. 모세, 여호수아, 갈렙과 함께 애굽에서 출발했던 1세대 백성은 그들의 불신앙으로 바란 광야, 신 광야에서 40년 동안 다 죽었고, 계명과 율법에 생소했던 2세대가 언약의 땅 가나안의 주역이 되자 신명기의 계명과 율법 교육이 필요하게 되었다. 이에 모세는 전에 주어졌던 율법과 함께 새 계명으로 2세대에게 '쉐마(שְׁמַע)' 교육을 한다(6:4~6). 이 교육은 가정에서부터 사회, 국가 전체에서 교육하고 훈련해야 하는 히브리인의 영과 혼과 몸을 담아내는 언약의 구속사 진행이다(6:10~13).

제 1강 하나님의 구원 역사 회고

본문 : 신명기 1장, 민수기 14:20~45

신명기는 모세오경의 마지막 책으로 죽음을 눈앞에 둔 모세가 조상들이 언약해 놓은 땅, 가나안에 들어가야 할 이스라엘의 2세대에게 지난날 히브리 민족의 역사와 출애굽 역사를 반추(反芻)시키면서 하나님의 계명과 율법을 새롭게 해석하는 교육 현장이다.

이미 모세가 출애굽기, 레위기, 민수기를 통해 십계명과 율법을 기록하여 가르쳤지만, 이제 가나안 땅에 직접 들어가야 할 2세대 백성을 가르치고 훈련하는 것은 앞으로 이스라엘 자손이 새 땅에서 살아갈 유일한 방법으로 오직 하나님의 계명과 율법을 순종하고 지키면서, 언약의 땅에 오시는 메시아를 모시는 것뿐이라는 것을 주지(主旨)시키기 위해서다. 그러므로 신명기는 출애굽기, 레위기, 민수기의 재해석이면서 보충 성경으로 역사의 기록이라기보다 계명과 율법의 교육에 치중하고 있다. 본 장의 내용은 ①서론(1~5절) ②호렙산의 이스라엘(6~18절) ③가데스 바네아의 반역 사건(19~46절) 이다.

첫째, 서론(1~5절)

하나님의 율법을 받은 이스라엘 자손은 출애굽 1세대였다. 그들은 시내 산에서 모세를 통해 율법의 규례(출 20:1~23:33)와 성막(회막)과 각종 제사 제도(출 24:12~29:46, 레 1:1~10:20)를 지시받았다.

이 모든 것은 히브리 민족이 언약의 땅에 들어가 하나님 아버지를 모시는 신정국가(神政國家)를 이룬 후, 하나님의 선민으로 살아가는 데 필요한 생활 규범이었다.

그런데 이스라엘 자손은 가데스 바네아에서 언약의 땅으로 가지 않고 오히려 다시 애굽으로 회군하는 반역으로 40년을 광야에서 방황하다 모두 죽고 말았다(민 14:20~38). 모세는 지금 언약의 땅을 목전에 두고 있는 여호수아와 갈렙, 광야에서 태어난 2세대에게 가나안 땅에서의 계명과 율법을 재교육시킨다. 2세대의 특별한 교육은 ①우상 금지 ②가나안 일곱 족속과 혼인 금지 ③타락한 풍속과 문명 · 문화의 금지 규례였다(7:1~11, 12:1~14, 13:1~18, 18:9~14, 20:10~18 등). 이 3가지를 철저히 금지한 것은 이것에 물들거나 혼합되면 하나님의 언약은 파기되고, 메시아 대망의 신앙도 사라지고, 오히려 가나안 일곱 족속에 동화(同化)되어 이스라엘은 망하고 말기 때문이다.

둘째, 호렙산의 이스라엘 (6~18절)

이스라엘 백성의 광야 행진은 ①애굽에서 호렙산(시내 산)까지 ②호렙산에서 가데스까지 ③가데스에서 모압 평지까지로 분류된다. 모세는 출애굽 하여 호렙산까지의 여정(출 12:37~19:2)은 생략하고 호렙산에서 모압 평지까지만 기록한 것은 첫 번째 행진에서는 중요한 사건이 없었기 때문이다.

호렙산에 거의 일 년간 머물렀던(민 10:11~12) 이스라엘에 하나님은 이제 그곳을 떠나 언약의 땅으로 가라고 하셨다(6~8절). 그것은 이스라엘 3대 족장에게 언약하신 말씀이고, 출애굽의 목적이고, 그 땅에 성탄 하실 메시아와 함께 신정국가를 이루시는 구속사의 성취였기 때문이다.

하나님께서는 이스라엘 백성이 호렙산에 머물 동안 구속사를 준비시키셨다. ①십계명과 율법을 주셨고(출 19:1~23:33) ②성막을 제조했고(출 40:1~33) ③대제사장 · 제사장의 성의를 준비했고(출 28장) ④군대 개편도 완비했으니(민 1~2장) 이제 가나안 땅으로 출발하면 된다. 모세는 장인 이드로의 권면으로 백성의 재판을 위해 세웠던(출 18:13~17), 천부장과 백 부장과 오십 부장과 십 부장과 조장으로 삼아(12~15절) 백성을 통솔하게 하고 재판을 맡겼다(16~18절).

셋째, 가데스 바네아의 반역 사건(19~46절)

이스라엘이 일 년간 머물렀던 호렙산을 떠나 가데스 바네아까지 행진했을 때(19절), 그곳에서 열두 명 정탐꾼을 가나안에 파송한 40일간의 보고를 듣고 그들이 그 땅 올라가기를 원하지 않고 반역함으로(민 13:30~14:10) 하나님의 큰 심판이 있었음을 모세는 회고한다.

이것은 이스라엘의 불신앙과 불순종의 구속사 대 반역사건이다. 이 참담한 40년 전의 부끄러운 과거를 광야에서 태어난 2세대에 들려주는 것은, ①언약의 땅 가나안 입성은 어제오늘 일이 아니라 680년 전, 3대 족장에게 언약하신 하나님의 일이며 ②그 언약의 땅에 메시아가 성탄 하시기 때문에 선민 이스라엘은 반드시 메시아를 모실 백성으로 그 땅에 입성해야 한다는 구속사의 사명이며 ③한번 하나님께서 말씀하신 언약은 영원한 것이기 때문에 하나님의 백성은 반드시 그 언약대로 살고 순종해야 한다는 것이다. 그런데도 1세대는 그 당연한 하나님의 언약을 불순종하고 깨뜨렸기 때문에 여호수아와 갈렙, 20세 이하 청소년만 남고 모두 광야에서 죽고 만 것이다(34~46절). 34~46절은 40년 전 과거의 역사를 진술하고 있는 민수기 14:20~45과 같은 기록이니 반드시 참고하라.

◈ 너희가 사로잡히리라 ◈

이스라엘 1세대는 불신앙과 불순종의 백성들이었다. 그들은 하나님께 대한 절대적인 순종과 여호수아, 갈렙의 구속사 신앙을 외면하고(민 13:30, 14:6~9), 모세를 따라 가나안 땅에 들어갔다가는 모두 다 사로잡혀 그들의 칼에 쓰러질 것이니 우리를 인도할 지휘관을 세우고 다시 애굽으로 돌아가자고 아우성쳤다(민 14:1~4). 그때 하나님께서는 반역하는 무리를 크게 꾸짖으면서 "너희가 사로잡히겠다고 말하던 너희의 유아들은 내가 인도하여 들이리니 그들은 너희가 싫어하던 땅을 보려니와 너희의 시체는 이 광야에 엎드러질 것" (1:39, 민 14:31~32)이라고 하셨다. 과연 하나님의 말씀대로 살겠다고 다시 애굽으로 돌아가자던 백성들은 바란 광야, 신 광야를 40년 동안 헤매다가 다 죽고, "너희가 사로잡히리라" 라고 하던 여호수아와 갈렙, 20세 이하 아이들은 살아남아서 언약의 땅에 들어갔다. 어떤 차이인가?

1. 신앙과 불신앙의 차이다.

현실적으로 "한 지휘관을 세우고 다시 애굽으로 돌아가자" 라는 것이 올바른 판단일 수 있다. 그러나 "너희가 사로잡히리라" 라는 것은 장대 같은 가나안의 일곱 족속과 네피림의 후손 아낙 자손과 맞서 싸워야 하는 비현실적인 상황이다(민 13:32~33).

마치 445년 이후에 있을 소년 다윗과 천하무적 골리앗과의 싸움과 같다. 누가 보든지 이 싸움은 이미 판가름이 났다. 그러나 이 싸움은 신앙과 불신앙의 한판 대결이었다. 골리앗은 자기의 용맹과 창과 검으로 나왔지만, 다윗은 만군의 여호와의 이름과 다윗의 뿌리되시는 주 예수 그리스도의 구속사 신앙으로 나왔다. 어찌 골리앗이 하나님을 이길 수 있겠는가? 소년 다윗에게 자기 목을 바쳐야 했다(삼상 17:41~51).

현실은 비참했지만, 여호수아와 갈렙에겐 절대적인 하나님 신앙이 있었다. 출애굽 이후에도 비현실적인 광야에서 하나님의 만나와 메추라기, 구름 기둥과 불기둥, 반석의 생명수를 보았고 또한 믿었다. 자기 백성이 들어가야 할 가나안 땅의 현실은 환경적으로 불확실한 미지의 땅이 아니라 오직 하나님 언약의 경륜 안에서 믿음으로 가야 할 구속사의 땅이라는 확실한 신앙이 있었다. 그러나 "너희가 사로잡히리라"며 네피림의 거인들만 보였던 10명의 정탐꾼과 그들을 따르는 백성들은 현실론자들이지 신앙인은 아니었다. 그래서 메시아가 오실 구속사의 땅, 안식의 땅에는 거절당하고 말았다. 장차 우리가 들어갈 천국(낙원)도 현실적인 환경과 조건으로 얻어지는 나라가 아니다. 오직 하나님께서 계시고, 주 예수 그리스도가 계신 곳이기에 두 분을 뵙고자 하는 절대적 믿음의 나라다.

2. 언약 신앙과 인본주의 차이다.

"너희가 사로잡히리라"는 것은 실제이다. 놓인 현실적 상황으로 보면 가나안은 들어갈 수 없는 난공불락(難攻不落)의 땅이다. 왜 그런가? 모두 다 사로잡히기 때문이다. 거주민을 삼켜 버릴 신장이 장대한 네피림 후손 아낙 자손들의 위력에 짓눌려 버릴 것이기 때문이다(민 13:32~33). 이 거대한 인간적인 '힘' 앞에서 이스라엘은 싸우기도 전에 주눅이 들어 버렸다. 인본주의다.

이 같은 절체절명(絕體絕命)의 위급한 상황에서도 여호수아와 갈렙은 "그들은 우리의 먹이라 그들의 보호자는 그들에게서 떠났고 여호와는 우리와 함께하시느니라" (민 14:9)고 했다. 이것은 하나님의 계시 언약에서 '언약의 땅' 가나안을 보았기 때문이다. 이 언약 신앙이 바로 인본주의와 맞서 승리하는 신본주의다. "너희가 잡히리라" "애굽으로 돌아가자" 여기에는 하나님께서 자기 조상 아브라함과 이삭과 야곱에게 주신 가나안 땅에 대한 계시 언약이 없다. 어찌 그런 마음으로 가나안의 문을 열 수 있으랴?

이스라엘 백성에겐 이미 684년 전에 그들의 조상 아브라함에게 주신 가나안 땅의 언약이 있었기에(창 15:5~7, 18~21절), 애굽으로 들어갔다가 430년 만에 자유의 몸으로 해방되어 지금 가나안을 향해 가는 것이다. 700년 동안이나 하나님 언약의 땅이었다. 인본주의로는 불가능할지라도 하나님의 언약 아래에서 되지 않겠는가, 하는 신본주의 신앙이 있어야 했다. 그런데도 20세 이상 이스라엘 백성들은 자기 조상들이 하나님께 받은 계시 언약을 전혀 몰랐거나 알기는 했어도 믿지 않는 불신앙과 인본주의 사상 때문에, 언약 신앙으로 들어가려는 자들에게 "너희가 사로잡히리라" 라고 두려움의 엄포만

던질 뿐이었다.

3. 구속사와 세속사의 차이다.

무엇 때문에 하나님의 선민 이스라엘은 애굽에 들어갔는가? 그것은 메시아의 구속사 예정이 애굽에 있었기 때문이다(창 15:12~14). 또한 무엇 때문에 하나님께서 이스라엘을 애굽에서 구원 시켜 하필이면 가나안 땅으로만 인도하시는가? 그것은 200년 전부터 그들의 조상 아브라함에게 메시아께서 그 땅에 초림 하시므로 이스라엘과 천하 만민을 구원하신다는 계시 언약이 있었기 때문이다. (창 12:1~3, 13:14~17, 15:13~21 등). 그와 같은 하나님의 구속사 언약 계시가 아브라함, 이삭(창 26:1~5, 23~24절), 야곱(창 28:3~4, 10~15절)에게 있었기 때문에 모세는 하나님의 명령으로 그 언약 계시의 구속사를 이루려고 자기 백성을 애굽에서 구원 시켜 언약의 땅으로 들어간 것이다.

그렇기 때문에 아브라함의 자손, 선민 이스라엘은 세속사적 인본주의로 가나안의 현실적 조건만 볼 것이 아니라 여호수아와 갈렙처럼 먼저 하나님의 계시 언약의 구속사로 봐야 한다. 그렇게 보면 가나안 일곱 족속도, 신장이 장대한 네피림의 아낙 자손도 전혀 두려운 것이 없는 그들을 먹이 정도로 여겼을 것이다(민 14:7~9). 그러나 오직 현실만 보고 세속사적 인본주의로 판단했기 때문에 그곳에 들어가려는 자들을 가리켜 "너희가 사로잡히리라" 고 한 것이다.

금일, 하나님 앞에서 구속사로 세상을 보면 현실의 세상은 전혀 두려움의 대상이 아니다. 그러나 계시 언약의 구속사 믿음이 아니고, 인본주의 세속사로만 보면 세상은 두렵고, 놀랍고, 근심과 걱정이 될 뿐이다. 사탄은 그것으로 우리를 미혹한다.

제 2강 하나님의 명령

본문 : 신명기 2장, 민수기 20:14~21

신명기 1장에서는 출애굽 한 이스라엘이 가데스 바네아까지 40년간 광야에서 방황한 것을 회고한 기록이라면, 본 장은 40년 후, 가나안 정복을 앞두고 모압 평지에서 하나님께서 모세에게 내리신 명령이다. 내용은 ①에돔에 대한 명령(1~8절) ②모압에 대한 명령(9~15절) ③암몬에 대한 명령(16~23절) ④헤스본에 대한 명령(24~37절) 등이다.

첫째, 에돔에 대한 명령(1~8절)

출애굽 한지 약 40년(7절) 동안 광야에서 방황한 이스라엘은 다시 가데스 바네아에서 야영하며 하나님의 첫 번째 명령을 받게 된다. 이 명령은 이스라엘 백성 2세대가 받는다. 가나안을 향해 다시 행진하려는 그날 하나님께서는 에돔 족속과 전쟁하지 말라고 하셨다(4, 5절). 에돔 족속은 에서의 자손들로(창 36:6~43) 하나님께서 그들을 생각해 주셨기 때문이다(창 25:23). 비록 구속사 백성은 아니었지만, 혈육으로 이삭과 리브가의 아들이요, 구속사 계보를 잇는 야곱의 형이었기 때문이다(롬 9:10~13). 모세는 에돔과 전쟁하지 않고 곁길로 피해 갔다(민 20:14~21).

둘째, 모압에 대한 명령(9~15절)

하나님의 두 번째 명령은 모압을 괴롭히거나 싸우지도 말라는 것이다. 모압의 조상은 아브라함의 조카 롯과 큰딸 사이의 후손이다(창 19:37). 이스라엘과는 에돔처럼 한 형제였다. 그러나 하나님께서는 "암몬 사람과 모압 사람은 여호와의 총회에 들어오지 못하리니 그들에게 속한 자는 십 대뿐 아니라 영원히 여호와의 총회에 들어오지 못하리라"(23:3, 느 13:1~2)고 개종을 막으셨다. 그러나 구속사적으로 300년 후, 모압 여인 룻이 이스라엘의 보아스와 혼인하여(룻 1:1~4, 4:13~22) 예수님의 계보에 속하게 된다(마 1:5~21). 구속사는 세속사와 전혀 다르다.

셋째, 암몬에 대한 명령(16~23절)

암몬 족속은 롯과 둘째 딸 사이의 후손으로(창 19:38) 그들 또한 모압과 같이 여호와의 총회에 들어 올 수 없다(23:3, 느 13:1~2). 모압과 암몬은 항상 연합하여 이스라엘에 싸움을 걸어왔으나(삼하 8:12, 대하 20:1~4), 하나님의 명령은 그들을 괴롭히지 말고 그들과 다투지 말라고 하셨다. 하나님께서 아브라함의 기도를 통해 소돔과 고모라 땅의 유황 불 못에서 롯을 구해 주셨듯이, 모세의 손에서 암몬을 건져주셨다.

넷째, 헤스본에 대한 명령(24~37절)

하나님의 이전 명령과는 달리 헤스본 왕 시혼(아모리 왕 시혼, 민

21:21)에 대해 "싸워서 그 땅을 차지하라" (24절) 고 하셨다. "천하 만민이 너를 무서워하게 하며 너를 두렵게 하라" (25절). 원래 헤스본 땅은 이스라엘이 점령하려고 했던 요단강 서쪽 땅이 아니어서 모세는 그냥 지나가려고 했으나(26~29절), 오히려 헤스본 왕 시혼이 전쟁을 걸어왔고, 하나님의 명령대로(24~25절) 그 땅을 빼앗았던 것이다(30~37절). 민수기 21:21~35절에는 모세가 '아모리 왕 시혼' 뿐 아니라 '바산 왕 옥' 마저도 정복했다.

◈ 족한 줄 아는 성도 ◈

이스라엘 백성 1세대는 하나님께 대한 불신앙과 불순종으로 가데스 바네아에서 실패했고, 40년을 광야에서 방황했다. 이제 2세대가 여호수아, 갈렙과 함께 하나님께서 언약하신 땅 가나안으로 진군하기 위해 모압 평지에 집결했다. 하나님께서는 모세에게 명령하시기를 ①세일 산에 거주하는 너희 동족 에서의 자손(에돔)이 사는 지역을 지날 때 그들과 다투지 말라(4~7절). ②에밈 사람이 거주하는 모압을 지날 때도 그들을 괴롭히거나 싸우지 말라(9~15절). ③모압 변경 '아르' 를 지날 때도 암몬 족속과 다투지 말라(16~19절)고 하시면서 "그동안 네가 받은 모든 은혜를 족한 줄로 알라" (7절) 고 하셨다. 하나님의 백성이 그동안 하나님께 받은 은혜를 족한 줄로 알 때 진심의 감사가 나오고, 탐욕이 사라지고, 자기 분수에 맞게 산다. 족한 줄 아는 성도는?

1. 하나님께서 인도해 주신 것을 안다.

하나님께서는 이스라엘을 출애굽 시킬 때부터 40여 년 동안 낮에는 구름 기둥, 밤에는 불기둥으로 광야의 메마른 길을 인도해 주셨고, 사막에서는 반석을 깨뜨려 생수를 마시게 하셨고, 풀 한 포기, 나무 한 그루 없는 광야에선 아침엔 만나, 저녁엔 메추라기를 퍼부어 주셨다. 이 같은 신앙의 깊은 체험이 있었던 여호수아와 갈렙은 이렇게 보호하시고 도와주신 하나님께서 굳게 닫힌 가나안의 일곱 성문도 문제없이 열어 주실 것을 알았다. 그러나 체험이 깊지 못했던 이스라엘 백성은 베풀어 주실 때뿐이었고, 조금만 배고프고, 목말라도 하나님을 원망하고 지도자를 불평했다.

지금까지 살아 온 것이 하나님의 사랑이요 은혜인 것을 아는 성도는 무슨 일을 만나도 하나님께서 모두 해결해 주시고, 다시 족한 은혜 주실 줄 알고 현실에 만족하고 감사하는 것이다.

2. 하나님께 다 맡긴다.

애굽에서 나올 때도 이스라엘이 할 수 있는 일이란 아무것도 없었다. 문설주와 인방에 양의 피를 바르라고 하실 때, 그 분부대로 행한 것뿐이다(출 12:7~14). 홍해 앞에서도 "너희는 두려워하지 말고 믿기만 하라" 고 하실 때 믿었더니 홍해가 갈라져 있었다(출 14:14~16). "새벽에 밖에 나가 보라" 해서 나갔더니 만나가 내려져 있었고, 저녁에는 메추라기가 쏟아져 있었다(출 16:1~36, 민 11:31~35). 아무것도 없는 광야, 사막길에서 이스라엘이 해야 할 일이란 아무것도 없었다. 그저 하나님께서 하라는 데로 순종하고 모든 것을 맡길 뿐이었다. 언약의 땅 가나안의 문도 하나님이 시키는 대로 믿고 순종했다면 쉽게 열렸을 텐데, 믿지 못하는 불신앙과 불순종으로 40년 광야에서 방황하다 모두 죽고 만 것이다.

"에돔과 모압과 암몬과 싸우지 말라" "네가 하는 모든 일에 네게

복을 주시고 부족함이 없이 하겠다" (7절) 고 하셔서 모세는 하나님께 다 맡기고 그냥 지났더니 결국은 다윗 왕 때에 이 땅들은 모두 이스라엘의 것이 되었다(삼하 8장).

이스라엘의 1세대는 하나님께 맡기지 못하고, 하나님의 일을 원망하고 불평하면서 자기들이 하려다가 결국 광야에서 다 죽고 말았지만, 2세대는 모세가 시키는 대로 믿고 맡기고 순종할 때 마침내 가나안 땅은 무너졌고, 굳게 닫혔던 여리고 성문도 열리게 된 것이다. 족한 줄 아는 성도는 자기 일에 근실(勤實)하다. 그러면서 더 큰 일이 생겨도 모든 것을 하나님께 맡기고 기도한다(약 1:5~8).

3. 최선을 다한다.

하나님께서는 메시아의 구속사를 이루시기 위해 구속사의 도구로 모세를 쓰셨다. 모세는 이스라엘을 출애굽 시킨 자요, 가나안까지 인도한 자였기 때문에 메시아가 성탄 하실 그 성지에 자신도 입성할 것이라고 굳게 믿었을 것이다. 그러나 신 광야 반석 앞에서 하나님께 신성 모독죄를 짓고 그 땅에 들어가지 못한다는 청천벽력 같은 징계를 받게 된다(민 20:10~13). 그러나 모세는 크게 뉘우치고 회개하여 자기도 메시아가 오실 언약의 땅에 들어갈 수 있게 해 달라고 간구했지만(민 27:12~23), 하나님의 결정적인 그 뜻을 돌이킬 수 없는 것으로 알고(3:23~29) 여호수아에게 자기의 후일을 모두 위임하고 자기는 아직 남은 구속사에 더욱더 정진하게 된다. 구속사 사명이 있는 자는 자기 일에 최선을 다한다. 낙심, 좌절, 절망도 없다. 최후의 일

각(一刻)까지 최선을 다해 하나님께서 맡겨주신 구속사 사명에 자기 생애를 다 투자한다(딤후 4:5~8).

제 3강 요단 동편 땅의 정복과 분배

본문 : 신명기 3장, 민수기 21:21~35, 32장

모세의 첫 번째 설교(1:1~4:13)로 출애굽 이후 요단을 건너기 직전까지 있었던 일을 회고한다. 그 가운데서도 본 장은 출애굽 한지 40년, 요단 동편 땅에서 일어난 사건이다. 내용은 ①바산 정복(1~11절) ②정복한 땅의 분배(12~22절) ③거부당한 모세의 기도(23~29절) 등이다.

첫째, 바산 정복(1~11절)

아모리 족속, 헤스본 왕 시혼을 정복한 이스라엘은 그 여세를 몰아 하나님의 명령으로 바산 왕 옥을 정복한다(민 21:21~35). 이로써 이스라엘은 요단강 동편의 요르단 지방을 완전히 점령한 것이다. 바산 왕 옥을 쳐서 다 빼앗았는데 견고한 성읍이 60개나 되었고, 그 모든 성읍이 높은 성벽으로 둘려 있고 문과 빗장이 견고했다. 그 성의 높이는 9m, 성문은 이중으로 된 돌 문이었는데 두께가 45cm나 되었다(Cyrilc, Graham, Alexander). 이러한 육중한 성읍들을 볼 때 열 명의 정탐꾼은 간담(肝膽)이 서늘했다(민 13:28, 32~33절 참조). 그래서 입성을 포기한 것이다.

둘째, 점령한 땅의 분배(12~22절)

모세가 바산 왕 옥과 아모리 족속 헤스본 왕 시혼을 정복하고, 요단 동편의 땅을 르우벤과 갓과 므낫세 반 지파에 분배한다. 민수기 32장의 내용과 같다. 다른 것은, 민수기의 기록은 이스라엘의 영토가 된 요단 동편 땅은 두 지파 반의 소유가 되었다는 것만 나와 있으나 신명기에는 르우벤, 갓 지파엔 길르앗에서부터 아르논 골짜기까지, 얍복 강까지의 성읍과 땅을 주었고, 므낫세 반 지파에는 길르앗의 남은 땅과 바산 땅을 분배했다(12~17절). 그러면서 요단 동편 땅을 먼저 분배받은 르우벤, 갓, 므낫세 반 지파에 요단 서편 땅을 분배받지 못한 아홉 지파 반보다 앞장서서 싸우라고 명령하셨다(18~22절). 가나안 입성을 두 달가량 앞두고 두 지파 반에게 약속 이행을 촉구한다(21~22절, 민 32:28~32). 이 약속은 모세가 죽고 여호수아에 의해 다시 확인되었는데(수 1:12~18), 마침내 모세가 명령한 약속을 이행했다(수 22:1~6).

셋째, 거부당한 모세의 기도(23~29절)

본문은 가데스바네아의 '므리바 물 사건' 과 통한다(민 20:2~13). 모세는 단 한 번 신성 모독죄를 범해 가나안 입성에서 제외된다. 이를 위해 모세는 하나님께 간구했으나(23~25절), 하나님의 징계대로 모세는 가나안 입성을 거부당했다(26~29절). 모세는 자기 백성을 출애굽 시켰고, 구속사 사명을 충성스럽게 감당하여 이스라엘을 계시 언약의 땅 가나안까지 인도했으나 결국 그 문은 열지 못했고, 여호수아에게 가나안의 열쇠를 맡기게 된다. 모세의 계명과 율법은 구원 역사를 시작했고, 구속사의 문 앞까지 인도는 했지만(갈 3:23~24), 결국 그 구속사를 이루신 분은 여호수아의 실체가 되시는 주 예수 그리스도시다.

모세는 자기의 신성 모독죄를 깊이 회개하면서 "구하옵나니 나를 건너 가게 하사 요단 저쪽에 있는 아름다운 땅, 아름다운 산과 레바논을 보게 하옵소서" (25절) 간구했지만 "그만해도 족하니 이 일로 다시 내게 말하지 말라" (26절) 고 하셨다. 신약시대 바울 사도가 자기의 간절한 소원을 예수님께 세 번이나 간구했지만, 예수님께선 "내 은혜가 네게 족하도다" (고후 12:9)고 응답하신 것과 같다.

완전하지 못한 우리 인생은 항상 무엇인가 부족함을 느끼면서 살아간다. ①물질의 부족 ②권세 · 권력의 부족 ③명예 · 존귀의 부족 ④지혜 · 지식의 부족 ⑤건강의 부족을 느끼면서 만족을 누리지 못한다. 이미 우리는 하나님으로부터 족할 만큼 받았다. 우리가 그것을 느끼지 못할 뿐이다.

◈ 요단 동편의 기업 ◈

하나님께서 이스라엘에 언약하신 가나안의 기업은 요단의 동편 땅이 아니라 서편 땅이다(1:7, 민 34:1~12). 따라서 이스라엘의 최종 행군 목적지도 요단강 서편이었다. 이제까지 이스라엘은 수많은 난관과 역경을 겪으면서 모압 평지까지 온 것도 바로 요단 서편 땅에 대한 소망이 있기 때문이다. 하나님께서는 언약의 땅 요단 서편을 정복하기에 앞서 먼저 요단 동편 땅도 정복하여 이스라엘의 기업으로 삼으라고 하셨다. 그래서 마침내 요단 동편의 미디안을 비롯한(민 31:1~12) 아모리 족속 헤스본 왕 시혼(2:26~37)과 바산 왕 옥을 점령하여(3:1~11) 르우벤과 갓과 므낫세 반 지파에 준 것이다. 이 같은 역사적 사실은 현재를 사는 성도에게 삶의 원리를 제공한다.

1. 이 세상도 성도의 소유지다.

성도들이 소망하는 영원한 기업은 천국이다. 그래서 이 세상은 성도들이 잠시 살다가 떠날 나그네의 머물 곳에 지나지 않는다(대상 29:15, 히 11:13~16, 벧전 1:17, 2:11 등). 그렇다면 성도가 이 세상을 등한시하고 아무렇게나 살아도 되는가, 아니다. 오히려 잠깐 있다 떠나는 나그네이기에 세상을 더 귀하게 알고 바르게 살아야 한다. 모든 사람에게 성도의 본이 되도록 법과 규례를 지키며, 절제하며, 질서를 지켜야 한다. 세상 사람들이 우리를 보고 배워서(마 5:13~16) 따라오게 해야 한다. 지성인 그리스도인은 단 하룻밤을 머물고 떠날 여관에서도 마치 잠자지 않았던 것처럼 깨끗이 정돈하고 갈 수 있어야 한다. 하나님께서 우리를 이 세상에 태어나게 하신 것은 장차 천국에서 살게 하기 위함이다. 그러므로 이 세상은 그리스도인의 고향과 같다. 이 세상이 있어서 내가 있고, 또 천국에도 가는 것이다.

2. 이 세상은 성도가 책임져야 한다.

만약 이스라엘에 요단의 서편 땅만 있고 동편 땅이 없었다면 르우벤, 갓, 므낫세 지파의 거주지는 어디인가? 또한 요단 동편 땅을 먼저 세 지파에 주셨기 때문에 이 지파들은 책임을 배가하여 마침내 요단의 서편도 정복한 것이다(민 32:28~42).

하나님께서 이 세상을 창조하신 후 우리에게 다 맡기셨고, 잘 관리하여 더욱 번성하고 창성(昌盛)하라(창 1:26~28)고 하셨다. 성도로 인해 세상이 잘 되고, 좋은 세상이 되면 예수님을 믿는 자가 더 생기기 때문에 그만큼 천국도 부흥하게 된다. 이 사명이 바로 예수님께서 우리에게 주신 '하나님 나라의 일 하심' (마 6:10)이다. 우리는 다 하나님 나라의 청지기들이다. 마치 요단 동편 땅을 상속받았던 르우벤, 갓, 므낫세 반 지파가 요단 서편 땅도 책임졌던 것처럼, 그리스도인은 책임을 지고 이 세상을 하나님 나라로 만들어야 한다(마 5:13~16, 6:33).

3. 구속사 세상이 되어야 한다.

하나님께서 아브라함에게 주신 계시 언약의 구속사는 두 가지다. ①아브라함의 씨에서 세상을 구원하실 메시아가 오신다 ②메시아가 성탄 하실 곳은 가나안 땅이다(창 15:18~21). 그 언약의 땅은 애굽강에서부터 그 큰 강 유프라테스까지다. 그렇다면 이스라엘은 요단 서편 땅 정도로 안 된다. 더 많은 땅, 요단 동편까지, 바벨론 지경으로 유프라테스 주변도 다 차지해야 된다. 이 실제적인 하나님의 언약은 다윗·솔로몬 때 이루어진다(삼하 8장, 대상 18장).

하나님께서 천하 만방에서 오직 가나안을 택하여 구속사 성지로 삼으신 것은 그 땅에서 구주 예수님이 성탄 하시면 먼저 이스라엘을 구원하시고(출 4:22), 다음은 이스라엘로 구속사 진리 복음을 천하 만방에 전하여 이방인들의 세상까지도 구원하려 하신 것이다(출 19:6). 오늘을 사는 그리스도인은 하나님의 구속사 경륜과 섭리를 알고, 주 예수 그리스도의 구속사 세상을 만드는 데 최선을 다해야 한다.

제 4강 이스라엘의 규례와 법도

본문 : 신명기 4장, 민수기 25:1~18

지금까지 모세가 자기 백성에게 전해 준 설교(1:1~4:43)를 마무리 지으면서 두 번째 설교(4:44~26:19)로 들어간다. 모세는 지금까지 지내온 세월 동안 하나님께서 자기 백성을 위해 역사하신 특별한 은혜를 감사드리면서, 이제는 마땅히 이스라엘이 자기 하나님의 계명과 율법을 지키고 행해야 한다고 감동적인 설교를 한다. 본 장의 내용은 ①규례와 율법을 지켜 행하라(1~14절) ②우상을 섬기지 말라(15~31절) ③하나님만 참 신이시다(32~40절) ④요단 동편의 도피성(41~43절) ⑤모세의 두 번째 설교 서문(44~49절)으로 분류된다.

첫째, 규례와 율법을 지켜 행하라(1~14절)

이스라엘 백성들이 호렙산에서 일 년 동안 머물면서 십계명과 율법을 받았으나, 산 아래서는 금송아지를 만들어 우상 숭배했고(출 32장), 브올의 아들 거짓 선지자 발람의 미혹으로 모압 여인들과 음행하며 그 신들에게 절하는 우상 숭배로 2만4000명이 염병으로 죽은 것은(민 25:1~9), 계명과 율법은 받았으나 제대로 지키지 못하고 행하지 못했기 때문이다. 그렇기 때문에 지금이라도 “이스라엘아 이제 내가 너희에게 가르치는 규례와 법도를 듣고 준행하라” (1절) 고 모세는 설교했다. 부모가 먼저 지키고 행하면서 자녀들도 가르치고 배우게 해야 한다고 한다(9~14절). 덧붙여, 하나님의 계명과 율법을 모세에게 주실 때에 시내 산에 나타난 광경은 말과 글로 나타낼 수 없는 놀랍고 두려운 하나님의 영광이었다고 전한다(4:11~14, 출 19장).

둘째, 우상을 섬기지 말라(15~31절)

하나님께서 호렙산 불길 중에서 이스라엘에 말씀하실 때 하나님의 어떤 형태도 보지 못하였은즉 너희는 어떤 형상이든지 우상을 새겨 만들지 말라고 하셨다. ①남자의 형상이나 여자의 형상을 만들지 말라. ②땅 위의 어떤 짐승의 형상, 날개를 가진 새의 형상, 곤충의 형상, 어족의 형상도 만들지 말라. ③하늘 위의 모든 천체를 경배하거나 섬기지 말라(16~19절). 만약 그것들을 섬겨 우상 숭배하면 요단을 건너기 전에 다 죽고 멸망한다고 경고한다(20~24절). 만약 가나안 땅에 살면서 자식들이 우상을 섬기고 하나님을 배신하면 너희 자식들도 그 땅의 백성들처럼 그곳에서 쫓겨날 것을 경고하신다(25~31절).

셋째, 하나님만 참 신이시다(32~40절)

불 가운데서 말씀하시는 신은 하나님밖에 없고(32~33절), 가장 약한 나라가 가장 강한 나라로부터 해방될 때, 그 신이 내려오셔서 시험과 이적과 기사와 전쟁과 강한 손과 편 팔과 크게 두려운 힘으로 벗어나게 하신 것은 하나님밖에 다른 신이 없다고 하셨다(34~36절). 이제 이스라엘은 이 세상에 하나님 외에 다른 신이 없는 줄 알고, 자자손손 하나님만 참 신으로 섬겨야 한다(37~40절).

넷째, 요단 동편의 도피성(41~43절)

모세는 요단 동편에 세 성읍을 구별하여 도피성을 두었으니 이는 원한이 없이 부지중에 살인한 자가 그곳으로 도피하여 생명을 보존하기 위해서다. 그곳에서 나올 수 있는 것은 제사장이 죽는 그날이다(민 35:9~34).

다섯째, 모세의 두 번째 설교 서문(44~49절)

모세의 두 번째 설교(4:44~26:19)는 본서의 본론에 해당한다. 본문은 도입부로 언제, 어디서, 무엇을 선포했는지를 밝혀 주기 위해 2:26~3:17의 내용을 간략하게 서술한다. 모세의 2차 설교가 이스라엘이 하나님으로부터 받은 율법에 관한 강론(44~45절)인 것과 아모리 족속 두 왕을 정복한 후, 모압 평지 벧브올 맞은편 골짜기에서(3:29) 행해진 것임을 밝혀 준다.

구속사 설교

◈ 규례와 법도를 준행하면 살리라 ◈

하나님께서 모세를 통해 언약의 땅 가나안에 들어갈 때까지 40년 동안 광야에서 십계명의 규례와 율법의 법도를 이스라엘 백성에게 주신 것은, 그들이 듣고, 지키고, 행하므로 가나안 땅에 들어가서 잘 살기 위해서다. "이스라엘과 이제 내가 너희에게 가르치는 규례와 법도를 듣고 준행하라 그리하면 너희가 살 것이요" (4:1). 이 교훈은 무려 다섯 번이나 나온다(1, 5, 6, 8, 14절). 하나님의 이 엄중한 말씀이 어찌 이스라엘뿐이겠는가. 오늘을 사는 그리스도인도 이 말씀을 듣고 준행하면 잘살게 된다. 규례와 법도를 준행하는 것은?

1. 하나님의 말씀 그대로여야 한다.

하나님의 백성이 십계명의 규례, 율법의 법도를 지키고 행할 때 인본주의로 해서는 안 된다. 시대가 변하고 상황이 달라졌으니 하나님의 말씀·성경의 해석도 시대에 맞춰야 한다는 것은 일고(一考)의 가치도 없는 주장이다. "내가 너희에게 명령하는 말을 너희는 가감하지 말고" "내가 너희에게 내리는 너희 하나님 여호와의 명령을 지키라" (2절)고 하셨다. 만약 현대 인본주의와 자유주의자들의 주장처럼 기록된 성경이 해석된다면 어찌 되겠는가? 성경은 벌써 없어졌을 것이다.

예수님께서도 성경은 결코 달라지거나 없어질 수 없으니 "천지가 없어지기 전에는 율법의 일점일획도 결코 없어지지 아니하고 다 이루리라" (마 5:17~19) 고 하셨다. 예수님께서 그 당시 바리새인과 서기관을 크게 꾸짖은 것도 그들은 사람의 교훈으로 율법을 가르쳤기 때문이다(마 15:6~9). 사도 요한은 성경을 인위적으로 가감(加減)하는 자에게 임할 하나님 진노의 저주에 대해 경고하신다(계 22:18~19).

하나님의 말씀, 그리스도의 구속사 진리 복음은 그 자체로 완전하기 때문에 루터는 "오직 성경으로" (Sola Scriptures), 칼빈(Calvin)은 "우리는 성경이 가라 하는 데까지 가고, 멈추라 하는 데서 멈출 뿐이다" 고 했다. 성경의 '완전 영감' 을 주장한 것이다.

2. 하나님의 공의대로 살기 위해서다.

하나님의 규례와 법도가 아닌 것은 모두 다 인본주의이기 때문에 하나님의 진리도, 그리스도의 공의도 아니다. 인간의 진리와 공의는 오직 그리스도의 구속사에서 근본이 되고, 생활의 공의가 된다(요 1:17, 8:32).

이스라엘이 하나님 계명의 규례와 율법의 법도를 따라 행하고 지키며 살 때는 하나님의 공의가 바로 서고, 오실 메시아의 진리대로 행하여 세계만방에 윤리 도덕의 으뜸가는 나라와 백성이 되었다(4:8, 롬 7:12). 그러나 아모스 시대에 이방인의 추한 문명과 문화가 선민 이스라엘에 쏟아져 들어올 때, 하나님의 공의도 메시아의 구속사도 사라지게 된다. 마치 약육강식 짐승의 세계처럼 타락한 나라가 된 것이다(암 2:8, 5:10~13, 21~27, 8:4~6, 10절 등).

이사야 선지자부터 미가 선지자에 이르기까지 하나님의 공의를 외치고, 메시아의 구속사 진리를 부르짖었지만(미 2:1~5, 3:1~8) 한 번 하나님의 공의를 잃어버리고, 진리를 떠나 타락한 이스라엘은 끝내 돌아오지 못했고, 결국 바벨론에 망했다(미 4:9~11). 이것을 명심해야 한다(28:15~68). 하나님을 떠난 만방(萬方)의 규례와 법은 하나님의 공의도 구속사 진리도 없는 세속적 인본주의나, 하나님의 규례와 법도가 있는 이스라엘은 비록 나라는 작고 백성은 적어도 하나님 공의가 바로 서고 사회 질서가 이루어져 올바른 국가, 존경받는 일등 시민이 된 것이다(8, 13~14절).

3. 하나님 말씀을 전하기 위해서다.

하나님께서는 이스라엘 부모 된 자들에게 "규례와 법도를 듣고 준행하라"고 하셨다. 그렇게 될 때 ①자기 자녀들을 바로 가르쳐서 하나님의 공의로운 백성이 되게 할 것이며(9절) ②천하 만민에게 이 규례와 법도를 전하여 오실 메시아의 구속사 백성으로 삼고, 하나님 자녀로 만들 수 있기 때문이다(출 4:22, 19:6 참조). 그런데 만약 부모 된 자들이 십계명의 규례와 율법의 법도를 경홀히 여기며, 지키지 못하고, 행하지 않으면 자기 자녀들은 하나님의 공의로운 백성으로 만들지 못할 뿐만 아니라 언약의 땅 가나안에서 구원되지 못한다고 경고하셨다(13~14절).

제 5강 호렙산 언약

본문 : 신명기 5장, 출애굽기 20:1~21

모세의 두 번째 설교가 계속된다. 39년 전 시내 산에서 처음 율법과 계명을 받아 이스라엘에 선포했던 모세가 다시 그 처음 계명과 율법을 설명하고 있다. 출애굽기 19~20장의 반복이다. 십계명을 재론하는 것은 40년 전 광야의 법규는 언약의 땅 가나안에 들어가서 새롭게 지켜야 할 신국법(神國法)이기 때문이다. 본 장의 내용은 ①언약의 신앙(1~6절) ②십계명의 재강론(7~21절) ③모세의 중보기도(22~33절)로 분류된다.

첫째, 언약의 신앙(1~6절)

가나안 입성을 앞둔 모세는 40년 전 호렙산에서 하나님께서 자기 백성에게 주셨던 십계명 규례와 율법의 법도를 다시 상기시킨다(2~3절). 모세가 하나님으로부터 십계명과 율법을 받을 때 백성들은 산에 오르지 못했고, 모세만 금식하며 산 위에 있었다. 그때 놀랍고 두려운 광경이 천지 가득 백성들에게 보였다(4~5절, 4:11~12, 출19:16~19).

둘째, 십계명의 재강론(7~21절)

십계명은 모든 율법의 기초 · 기반(基盤)이요, 요약이다. 출애굽기

20장에 기록된 십계명을 재강론하는 것은 언약의 땅 가나안에 들어가 신정 왕국 건설에 필요한 모든 규례를 강조하기 위해서다.

7~15절은 '대신법'(對神法, 1~4계명)으로 하나님을 사랑하며 경외할 것을, 6~21절은 '대인법'(對人法, 5~십계명)으로 이웃 사랑에 대한 법이다. 십계명의 모든 내용은 "…하라" "…하지 말라"는 절대명령으로 되어 있다. 이를 이기고 거스르면 죄가 된다.

이런 역설적인 상황에 대해 바울 사도는 하나님께서 인간의 심성(心性)에 주신 선과 악이 서로 싸우기 때문이라고 했으니 계명을 지키고 행하려면 성령님의 은혜가 그 심성을 주장해야 한다고 했다. 십계명이 표면적으로는 계명이요, 율법이지만 내면적으로는 구원과 영생을 주시는(10, 16절) 언약인 것은 십계명의 규례와 율법의 법도가 인간을 그리스도께로 안내하기 때문이다(롬 7:5~8:11).

셋째, 모세의 중보기도(22~33절)

호렙산에서 이스라엘 백성을 대신하여 모세가 하나님과 행위 언약을 맺을 때, 하나님의 임재에 백성들은 멀리 서서 두려워하며 떨었다. "당신이 우리에게 말씀 하소서, 우리가 들으리이다 하나님이 우리에게 말씀하시지 말게 하소서, 우리가 죽을까 하나이다"(출 20:19~20). 백성들은 모세에게 중보 사역을 요청했고, 하나님은 그의 중보자 직을 허락하셨다(22~31절).

십계명의 규례와 율법의 법도는 참으로 지키기에 힘들고 어려운 것이다(25~26절, 롬 7:8~11). 그러나 우리가 계명과 율법 안에 있는 죄인이 아니라 골고다 십자가의 예수님 보혈로 구원받은 구속사 신앙 안에 산다고 생각하면 계명은 힘들고, 율법은 우리를 죄 안에 가두고 묶는 자물쇠가 아니라 오히려 그리스도 예수님으로 말미암아 죄에서 해방된 복음의 자유인이 된 것이다. 또한 세상의 축복과 하나님 나라의 영생을 얻는 길이기도 하다(32~33절)

◈ 예수 그리스도의 모형인 중보자 모세 ◈

이스라엘의 지도자 모세는 출애굽부터 모압 땅 느보산에서 그의 생애를 다할 때까지(34:5, 출 3:10) 자기 백성을 위한 중보자의 삶을 살았으니, 이것은 그리스도 예수님께서 아담의 원죄로 멸망할 인간을 위해 골고다 십자가에서 피 흘려 죄 사함을 주신 하나님의 중보자 되심과 같다.

1. 모세는 이스라엘의 중보자이다.

모세가 태어나기 전까지 430년 동안 아무도 이스라엘 백성을 애굽의 노예에서 해방할 중보자는 없었다. 마침내 모세가 태어났고 80세가 되었을 때, 하나님께서는 호렙산 가시떨기 나무에서 그를 불러 이스라엘을 해방하고 완전한 독립 국가를 세우는 히브리 민족의 중보자로 세우신다.

예수님께서 유대 땅에 오실 때까지 누구도 아담의 타락으로 원죄인이 된 인간을 죄에서 해방 할 자가 없었다. 그러나 A.D. 4년이 되자, 하나님께서는 유대 땅에 예수님을 보내 그리스도가 되게 하심으로 사탄으로부터 우리를 구원하는 구속사의 중보자가 되게 하셨다.

2. 모세는 계시의 중보자이다.

하나님께서는 출애굽 그날부터 모세에게 계시를 주셨고, 직접 만나기도 하셨고(민 12:6~8), 하나님의 뜻을 전하는 중보자로(34:9~12) 삼으셨다. 예수님께서는 하나님의 로고스로 오셔서 말씀 자체가 되셨다. 그분은 하나님의 계시요, 계시의 중보자시다. 모세가 하나님의 말씀을 대언(代言) 하는 메신저라면, 예수님은 하나님의 말씀 자체이고, 계시의 본질이며, 천지 창조의 말씀 그대로다(요 1:1, 14, 히 3:1~6).

3. 모세는 백성의 죄를 간구하는 중보자이다.

모세는 백성들의 죄로 인해 하나님께 수차례나 간구하는 죄 사함의 중보자였다(출 32:11~14, 민 14:13~19, 신 9:25~29 등). 예수님께서도 십자가 위에서 자기를 죽이는 자들을 위해 기도 하셨고(눅 23:34), 지금도 하나님 보좌 우편에서 우리를 위해 간구하신다(롬 8:34, 히 7:25), 그러나 모세는 하나님께 중보 기도는 했지만 직접 죄 사함을 하지 못했다. 자기도 죄인이기 때문이다(히 5:1~3, 7:27, 10:1~4). 그러나 예수님께서는 직접 죄를 용서하셨다. 그분이 하나님이시고 무죄하신 중보자였기 때문이다(막 2:5, 눅 7:48, 요 5:14).

4. 모세는 예수님이 오실 때까지만 중보자이다.

구약의 제사장, 대제사장은 그리스도 예수님께서 오실 때까지만 임직을 받는다. 그러나 주 예수 그리스도는 영원토록 우리의 대제사장이시며 중보자시다(갈 3:20, 딤전 2:5). 이 세상에 모세 외에는 예수님을 대신하여 자기 백성을 위한 중보자가 없었다. 모세는 그리스도의 그림자요, 예표였다.

제 6강 율법의 대 강령

본문 : 신명기 6장, 출애굽기 13:2~16

모세의 두 번째 설교(4:44~26:19)로 율법의 세부적 내용이 계속 강론된다. 본 장의 내용은 ①율법의 목적(1~3절) ②율법의 대강령(4~9절) ③축복과 명심(10~19절) ④율법 전수(20~25절) 등으로 분류된다.

첫째, 율법의 목적(1~3절)

선민 이스라엘의 출애굽 목적이 족장들에게 언약하신 가나안 땅에 들어가는 것과 그 땅에서 구속사를 이루려고 오시는 메시아를 모심으로 구원받는데 있다. 그렇다면 하나님께서 광야 40년과 가나안 땅에 들어가서 지키고 행할 계명과 율법을 주신 목적은 무엇인가?

(1) 여호와 하나님만 모시고 경외하기 위해서다.

그 땅에는 주신(主神) 바알과 아세라가 있었고, 또한 많은 신이 있었기 때문에 계명과 율법의 신앙 교육을 받지 않으면 하나님을 떠나 다른 신을 섬기게 된다.

(2) 2세대를 위해서다.

출애굽 1세대는 불신앙과 불순종으로 40년간 광야를 방황하다 다 죽었다. 그러나 가나안에 입성한 이스라엘 2세대는 율법과 계명을 믿고 지켜서 잘 살아야 했기 때문이다.

(3) 후손들이 번성하기 위해서다(2, 3절).

이것은 신명기 사상의 핵심이다. 우상을 섬기면 가나안 일곱 족속처럼 쉽게 망하지만 아브라함의 하나님을 잘 섬기면 그 땅에서 자손 만대가 심히 번성하게 된다(28:1~14).

둘째, 율법의 대강령(4~9절)

"이스라엘아, 들으라(שְׁמַע יִשְׂרָאֵל · 쉐마 이스라엘)" 십계명을 포함한 모든 율법의 대강령이 무엇인지 가르쳐 주는 '쉐마(שְׁמַע)' 본문이다. 이것은 유대교의 기본적인 신앙고백으로 계명의 규례와 율법의 법규를 청종하여 하나님을 경외하고 기쁘시게 해 드릴 선민 이스라엘의 당위적이고 절대적인 의무다. 하나님의 창조된 피조물인 인간이 마땅히 창조주께 드릴 수 있는 인간의 제일 의무와 목적이다(4~5절).

한 율법사가 "선생님이여 율법 중에 어느 계명이 크니이까" 물었을 때, 예수님께서는 "네 마음을 다하고 목숨을 다하고 뜻을 다하여 주 너의 하나님을 사랑하라" "이것이 크고 첫째 되는 계명이요, 온 율법과 선지자의 강령이니라"(마 22:35~40)고 하셨다. 율법의 대강령은 ①여호와를 사랑하라(4~5절) ②네 자녀에게 부지런히 가르치라(6~7절)는 것이다. 그 후에 랍비들은 출애굽기 13:2~10, 민수기

15:37~41, 신명기 11:13~21을 첨가했다.

유대인들은 신명기 6:4~5의 '쉐마(שְׁמַע)' 를 아침저녁으로 암송했고, 이 성구를 기록한 양피지를 가죽 상자에 담아 기도할 때마다 왼쪽 손목과 이마에 부착하는 경문(經文) 제도로 발전시켰는데 그 이유는 그것이 이스라엘 신앙의 근본이었기 때문이다.

한국교회는 십계명 교독문 끝에 신명기 6:4~5, 레위기 19:18을 "온 율법과 선지자의 강령으로" 삼고 있다. 그러나 신약시대에 이르러 이 '쉐마(שְׁמַע)' 정신과 '이웃 사랑' 이 잊힌 체 문자적으로만 남용되고, 바리새인은 옷치장만 하는 외식에 빠짐으로 예수님께 호된 책망을 들었다(마 23:1~7). 칼빈(Calvin)도 목사가 가운 입는 것을 로마 가톨릭의 의식으로 봤는데 소위 칼빈주의 교단이라는 장로교회의 목사 취임식과 성찬식에서 가운을 입는 것은 성경의 위반이고, 교리에 어긋나는 외식 주의다.

셋째, 축복과 명심(10~19절)

이스라엘이 언약의 땅에 들어간 것은 3대 족장(아브라함, 이삭, 야곱)에게 하나님이 언약하신 대로 된 것인데(10~11절) 저절로 얻은 은혜의 축복 속에 안주하며 하나님과 '쉐마(שְׁמַע)' 는 잊어버리고, 젖과 꿀이 흐르는 땅과 물질에 마음을 빼앗기고, 가나안 땅의 신을 우상처럼 섬기면 반드시 그 땅에서 쫓겨난다는 것이다.

축복과 명심이란? ①저절로 얻은 축복 속에서 그것을 다 주신 하나님의 은혜를 잊지 말라는 신앙의 각오(10~13절)와 ②만약 그 땅의 신을 우상으로 섬기면 가나안 일곱 족속처럼 너희도 쫓겨나 멸망한다는 것이다(14~15절). 만약 이스라엘이 하나님을 믿고 경외하는데도 원수와 대적에 고통을 당한다면 하나님이 다 해결하고 물리쳐 주신다(18~19절). 그러므로 가나안 땅에서는 축복 속에서도 명심해야 한다.

넷째, 율법 전수(20~25절)

언약의 땅 가나안에서 태어난 후손들이 "우리 하나님 여호와께서 명령하신 증거와 규례와 법도가 무슨 뜻이냐" (20절) 하거든 ①출애굽의 역사를 자녀에게 증거하고(21~22절) ②가나안 땅이 우리 조상들에게 언약하신 민족의 땅인 것과(23~24절) ③ '우리의 의로움' 되신 메시아께서 하나님의 언약 계시인 구속사를 이루시려고 이 땅을 오실 것을 가르치라(25절) 는 것이다.

"그것이 곧 우리의 의로움이니라" (25절) 는 것은 계명과 율법이 의도하는 것으로는 죄인을 의롭게도 못하고 구원시키지도 못한다(롬 7장). 오히려 인간의 허물과 죄를 드러내고, 죄인인 것을 하나님 앞에 고소한다. 그러면서 십계명과 율법으로 할 수 없는 죄와 죄인들을 예수님께 떠넘겨서 죄인이 그리스도를 만나게 한다(출 7:21~8:2). 그러면 죄인은 율법으로 할 수 없는 것을 알고, 십자가의 보혈로 인간의 모든 죄를 용서하신 그리스도를 믿게 된다(갈 3:23~29). 예수님을 믿음으로 죄인을 벗어나 하나님의 자녀가 되어 아브라함이 오실 메시아를 믿어 의인이 된 것처럼(창 15:6), 우리도 의인이 되어 구원을 받게 된다(롬 4:18, 갈 3:7). 부모들은 자녀들에게 가나안 땅에 성탄하실 예수 그리스도를 증거 하여 구속사 신앙을 전수하라는 것이다.

구속사 설교

◈ 성도의 진정한 축복 ◈

이스라엘의 고대 역사를 반추(反芻)해 보면, 애굽의 400년 노예 생활이나 40년 광야의 나그네 생활보다 오히려 젖과 꿀이 흐르는 언약의 땅 가나안의 복지 생활이 더 위험했고, 방탕했고, 타락으로 점철된 역사였다. 동서고금 열국에서 나타난 흥망성쇠(興亡盛衰)를 보면, 외적의 침입보다 백성의 내적 부패와 타락으로 인한 정신적 해이(解弛)였다. 그렇기에 하나님께서 이스라엘이 가나안 땅에서 누릴 번영을 지극히 염려하시고 모세에게 일침(一針)을 주셨다. 어찌 이것이 이스라엘뿐이겠는가? 인간의 속성은 소위 성공했다는 말이 들려 오기 전에 이미 방종하고 나태하여 몰락의 길로 빠져들고 만다. 이런 경우에 성도는 어떻게 자신을 지켜 갈 수 있는가?

1. 하나님께만 영광을 돌려야 한다.

성자와 성령님의 영광이기도 하다. 이스라엘이 애굽에서 해방되고 출애굽 하여 언약의 땅 가나안에 들어온 것도, 건축하지 아니한 크고 아름다운 성읍을 얻게 하신 것도, 파지 아니한 우물을 차지하게 하신 것도, 포도원과 감람나무를 차지하고 배불리 먹게 하신 것도, 심지어 자신이 채우지 않은 아름다운 물건이 가득한 집까지 얻게 하신 것은(6:10~11) 모두 하나님이 주신 것이다. 이것은 "너를 애굽 땅 종 되었던 집에서 인도하여 내신 여호와를 잊지 말고, 네 하나님 여호와를 경외하며 그를 섬기게" (6:12~13) 하기 위해서다. 그런데 만약 하나님을 잊어버리고 배신하면 짐승만도 못한 배은망덕이다.

인간의 그릇된 속성은 자기가 아쉽고 필요하면 하나님을 찾고, 자기 소원이 성취되고 잘 되면 하나님을 잊어버린다. 성도는 오히려 잘 되고, 잘살게 될 때 하나님을 경외하며 그리스도께 영광을 돌려야 한다(고전 15:10).

2. 하나님의 구속사 청지기로 알아야 한다.

모세는 자기 백성에게 언약의 땅 가나안에 들어가서 부귀와 광명을 얻고 잘살게 되면 이 모든 것을 다 주신 하나님의 은혜와 사랑일 뿐, 우리는 아무것도 가진 것이 없고, 다만 우리는 하나님의 청지기일 뿐이라는 것이다. 예수님이 말씀하신 청지기 이야기도 아무리 수고하고, 주인을 잘 받들어 섬겼어도 "우리는 무익한 종이라 우리의 하여야 할 일을 한 것뿐이라" (눅 17:10) 고 말할 수 있어야 한다고 하셨다. 우리는 태어날 때 아무것도 가지고 온 것이 없다. 내가 한 것도 없다. 그런데도 하나님께서 내게 좋은 가정에서 나게 하시고, 지혜·지식도 주시고, 기회도 주셔서 성공하게 하셨다. 내가 이렇게 축복받게 된 것은 다 하나님께서 하신 것이요, 나는 다만 하나님 쓰시는 청지기일 뿐이다.

모세, 베드로, 바울은 세상에서 그 이름이 드러나고, 명성이 알려지면서 높은 사람이 되었지만, 그들은 일생을 주께서 쓰시는 구속사

도구로만 생각하고 전혀 교만하거나 영광스럽게 생각하지 않았다. 구속사로 택함을 받은 사명에 충성을 다 할 뿐이었다(고전 9:16~23).

3. 하나님 나라의 성공이 되어야 한다.

모세는 가나안 땅에 들어가 많은 재물을 얻고 부자가 되어도 배은망덕하여 하나님을 떠나면 이는 곧 멸망으로 가는 것이니 외적 성공이 진정한 성공이 아니고 영적으로 하나님 나라에 들어가는 것이 진정한 성공, 축복이라고 했다(6:12~15). 우리가 아무리 잘 되고, 잘 살아서 재물이 높이 쌓인다 해도 오늘 밤이라도 하나님이 그 영혼을 불러 가시면 그 재물과 부귀가 누구의 것이 되겠는가, 참으로 어리석은 부자의 재물과 부귀일 뿐이다(전 2:3~11, 17, 눅 12:16~21).

아브라함, 이삭, 야곱, 요셉은 갑부요, 천하를 호령하던 권세가였다. 모세의 권력은 당시 대 애굽 천하를 다스릴 수 있는 황제에 버금가는 자리였다. 그러나 그는 현세에 마음을 두지 않고 항상 나그네로 겸손하고, 겸비(謙卑)하게 살았다(히 11:13~16, 21~26절). 언제든지 떠날 길손처럼 하나님 나라 본향을 사모하며 영적 축복과 성공을 위해 살았다. 우리보다 앞서 본향에 이른 선진(先進) 들은 어떤 것이 참 성공이고 축복인지 알았고, 성공적인 인생을 살았다. 그렇기에 우리는 선배들의 신앙 발자취를 따라가야 한다. 그래야 후배들을 가르칠 수 있다.

제 7강 가나안을 진멸하라

본문 : 신명기 7장, 9:1~5, 출애굽기 34:10~17

신명기 6장이 하나님의 근본적인 율법에 대한 요구였다면 본 장은 가나안 땅에 사는 일곱 족속을 다 진멸하라는 하나님의 실제적인 요구이다. 그들과 혼인하지 말고, 우상 숭배하지 말고, 무조건 다 죽이라는 하나님 명령이다. 그들을 살려 두게 되면, 서로 통혼하므로 음행의 풍속에 선민이 타락하며, 우상 숭배하기 때문이다. 본 장의 내용은 ①가나안 족속을 진멸하라(1~11절) ②율법을 지키는 자의 축복(12~16절) ③승리하게 하시는 하나님(17~26절) 이다.

첫째, 가나안 족속을 진멸하라(1~11절)

가나안 땅에서 가나안 백성으로 일컬어지는 족속은 어느 족속도 이스라엘보다 강하고 용감한 자들로 10명의 정탐꾼뿐만 아니라 모두가 놀라고 두려워 떨었다(민 13:31~33). 그런데 하나님께서 이스라엘보다 많고 강한 일곱 족속을 진멸하라고 다시 명령하셨다. ①헷 족속 ②기르가스 족속 ③아모리 족속 ④가나안 족속 ⑤브리스 족속 ⑥히위 족속 ⑦여부스 족속이 때로는 여섯 족속(출 3:8, 17, 23:23, 수 9:1, 12:8), 아홉 족속(대상 1:14~16), 열 족속(창 10:15~18, 15:19~21)이 되기도 한다. 성경의 총칭은 흔히 일곱 족속으로 '7' 은 완전수이기 때문에 가나안 땅의 모든 민족과 족속을 합해서 그렇게 부른다.

그런데 구약 어디에도 '기브온 족속'을 말하지 않는 것은 일곱 족속은 모두 진멸했으나 기브온 족속만은 이스라엘에 항복하여 개종했기 때문이다(수 9~10장). 가나안 일곱 족속이 전멸당한 것은 기브온 거민처럼 하나님께 돌아오지 않았고, 그들과 혼인하거나 언약을 맺어 올무가 되었고(2~3절), 하나님을 떠나 우상을 섬기게 했기 때문이다. 그러므로 이스라엘 백성이 가나안 땅에 들어가서 가장 먼저 해야 할 것은 그 땅 백성을 진멸하고, 우상을 깨뜨려 불살라 버리는 것이었다(5절).

둘째, 율법을 지키는 자의 축복(12~16절)

이스라엘 백성이 십계명의 규례와 율법의 법도를 지키고 행하면 세 가지 복이 오는데 ①자자손손의 번성(9, 12~13절) ②토지 소산의 풍성함과 가축의 생육(13~14절) ③모든 질병이 떠나는 것이다(15절). 그러기 위해선 먼저 가나안 족속을 진멸하고 그들의 신을 섬기지 말고 우상을 철폐해야 한다(16절).

셋째, 승리하게 하시는 하나님(17~26절)

40년 전, 이스라엘 1세대는 가나안 땅의 실제 상황을 보고하는 10명 정탐꾼의 보고만 듣고도 오금이 저렸고, 소동이 일어나 두려움에 떨었다(민 13:32~14:4). 결국 1세대는 40년 동안 광야를 방황하다 소멸하고 말았다. 그러나 2세대는 자기 조상들처럼 한꺼번에 반역하지 않았다. 전쟁하러 나서지도 않았다. 이스라엘은 가나안을 쫓아내려고 먼 길을 왔지만, 가나안 일곱 족속은 자기 집 마당에서 무장하고 전쟁하는 것이다. 절체절명(絕體絕命)의 위기 속에서 하나님 승리의 말씀이 전해졌다. "그들을 두려워하지 말라" "너희의 하나님이 계심이니라" (18, 21절).

(1) 하나님의 승리를 기억하라

가장 강한 애굽을 이기게 하신 하나님의 승리를 기억하라(17~19절). 가나안 모든 족속과의 전쟁은 내가 할 나의 전쟁이다, 하나님이 이기게 하실 것이라(20~24절)는 뜻이다.

(2) 메시아의 구속사를 이루실 하나님

여호와 하나님은 천하 만민을 구원하시려는 메시아 언약의 구속사를 이루실 하나님으로 오셨지만, 이 땅의 신은 벙어리요, 허수아비다. 만군의 여호와 하나님 능력으로 모두 쳐서 불태워 버리겠다(25~26절)고 하신다. 하나님 계명의 규례와 율법의 법도를 지키기만 하면 하나님 천지창조의 능력을 다 주시기 때문에 한 사람이라도 가나안 전체를 이길 수 있다는 것이다. 누구라도 이길 수 있다. "우리가 넉넉히 이기느니라" (롬 8:37, 고전 15:57). 다윗이 대장군 골리앗과 전쟁에서 이길 수 있었던 것도 구속사 신앙에 있었다(삼상 17:41~50).

◈ 가나안의 영적 전쟁 ◈

인류는 역사 이래 수많은 전쟁을 했고, 앞으로 인간이 이 땅에 존재하는 동안 전쟁은 계속될 것이다(A.Toynbee). 대부분의 세속사 전쟁은 영토 확장이나 경제적 이권, 아니면 상해 입은 동족에 대한 원수 갚음으로 일어난다. 이스라엘의 가나안 정복 전쟁은 이것과 전혀 다른 하나님이 함께 하시는 신전(神戰), 곧 영적 전쟁이다.

1. 하나님 공의를 실현하는 전쟁

흔히 세속사의 전쟁에서는 영토를 빼앗고, 피정복민을 항복시키고, 가능한 한 많이 살려서 노예로 삼는 게 상례였다. 그러나 이스라엘은 하나님의 명령으로 가나안 모든 주민을 다 죽여야 끝나는 전쟁이다(7:1~2).

하나님이 태초에 인간을 창조하셨을 때는 그리스도의 형상과 모양으로 지으셨기 때문에(창 1:26~27) 하나님의 선하심과 의로우심이 인간에게 내재해 있었다(창 1:31, 2:7). 그러나 첫 사람 아담의 타락으로 하나님의 지고지순(至高至順) 선과 의를 다 상실했고, 그리스도의 형상과 모양을 잃어버렸다. 이때부터 죄를 범한 인간에게 하나님의 공의로운 심판만 남게 되었으니 인간의 죄가 가득 차게 될 때는 가차 없이 저주하신다. 비록 가나안의 죄가 하나님 공의에 미치지 않았을 때는 회개하기를 기다려 심판을 늦추셨지만(창 15:16) 아브라함 이후 600여 년이 지난 모세 때는 그들의 죄가 하나님 공의의 심판에 이를 만큼 가득 찼기 때문에 하나님께서는 선민 이스라엘로 공의의 심판을 하신 것이다(롬 1:18~32 참조).

2. 하나님 종교의 유일성 전쟁

이 세상 정복자들은 정치적, 경제적 해가 되지 않으면 유화정책(宥和政策)으로 피정복민들이 가진 신앙과 종교에 자유를 주었다. 이 정치 제도가 바로 고대 로마의 통치 방법이었다(Pax Romana · 로마의 평화). 그러나 하나님께서는 '여호와 하나님의 유일성' 종교가 아니면 모두 우상으로 취급하고 어떤 신도 철거해 버리신다. 우상은 인간의 영혼을 죽이고, 육신도 망하게 하는 사탄의 미혹이기 때문이다. 그리스도교 외에 이 세상 모든 종교는 신적인 계시 언약이 없고, 다원론적 인간 이성의 우상 종교이므로 결코 용납되지 못한다. 회개하여 개종하지 않으면 적대할 수밖에 없다. 오직 한 분, 하나님과 메시아 구속 주 예수님만 우리의 신이다(엡 4:4~6).

3. 하나님 백성의 거룩성 전쟁

세속주의 사회에서는 다른 사람에게 피해가 되지 않는 한 개인의 윤리 · 건덕(健德)에 마음을 쓰지 않는다. 그래서 종교가 달라도 개의치 않는다. 그러나 하나님의 종교는 성도의 건덕과 양심에 많은 관심을 주며 이방인의 우상 종교인과는 절대 혼인을 허락하지 않는다(고후 6:14~7:1).

하나님께서는 가나안에 들어가는 이스라엘을 향해 입성하자마자 가장 먼저 ①그곳 주민 전부를 진멸하라 ②그 땅 우상을 다 철폐하고 불태워 버리라고 하셨다. 이것은 하나님의 선민 이스라엘의 거룩성을 보존하시려는 영적 전쟁이다. 기브온 족속처럼 하나님의 영광과 거룩하심의 두려움을 깨닫고 돌아오면 과거를 묻지 않고 용납하여 주신다(수 9장). 하나님은 이방 세계의 백성이 멸망하는 것을 절대 즐거워하지 않기 때문이다(겔 18:21~23, 31, 32, 33:11).

그러나 회개할 기회를 주셨는데도 깨닫지 못하고 돌이키지 않으면 하나님 공의와 거룩성을 지키기 위해서라도 전쟁을 하지 않을 수 없다. 이 세상의 모든 전쟁은 정치적 유익과 경제적 이권, 영토 확장을 도모하려는 사리사욕의 전쟁이라면 하나님의 전쟁, 성경적 전쟁은 순전히 하나님의 거룩성과 하나님의 영광을 위한 전쟁이다(엡 6:10~17). 이 같은 전쟁은 오직 하나님의 구속사에만 있는 신령한 전쟁, 영적 전쟁이다.

제 8강 하나님을 잊지 말라

본문 : 신명기 8장, 32:15~25

모세가 마지막에 쓴 신명기 사상의 두 가지는 ①십계명의 규례와 율법의 법도를 지키고 행하라 ②하나님을 잊어버리지 말라는 것이다. 창세기부터 민수기에는 ①은 많이 나오지만 ②는 나오지 않는다. 왜 나오지 않는가? 그때는 이스라엘이 메마른 광야에서 나그네로 살았고, 만약 그때 하나님을 잊어버리면 다 죽을 수밖에 없는데 어떻게 하나님을 잊겠는가? 그러나 오경의 마지막 신명기에는 ②가 많이 나온다. 무려 열 번이나 기록되어 있다. 왜 신명기에는 하나님을 잊고 사는 경우가 생겼는가? 이때는 광야 생활이 끝나고 젖과 꿀이 흐르는 풍요한 땅으로 가 있을 때다. 설령 자기 하나님을 잊었다고 해도 먹고 사는 데 전혀 지장이 없었기 때문이다.

그래서 하나님 없이는 생존이 불가능했던 광야에서는 "네 하나님을 잊어버리지 말라"는 말씀이 한 번도 나오지 않지만, 신명기에는 등 따습고 배부름으로 인해 자기 하나님을 잊어버릴까 염려된 것이다(4:9, 23, 31, 6:12, 8:11, 14, 19, 32:15). 만약 이스라엘이 젖과 꿀이 흐르는 풍요로운 땅에서 잘 먹고 잘살며 하나님을 잊어버리고 광야 40년 동안 주셨던 십계명 규례와 율법도 다 버리게 되면, 자연히 신앙 정신은 해이해지고 가나안 일곱 족속이 섬겼던 우상을 하나님 대신 섬기게 된다. 어찌 되겠는가, 결국 가나안 일곱 족속처럼 이스라엘도 언약의 땅 가나안에서 쫓겨나 멸망하고 말 것이다. 하나님께서 모세에게 주신 이스라엘 백성에 대한 경고이다. ①광야 생활 회고(1~10절) ②하나님을 잊지 말라(11~20절).

첫째, 광야 생활 회고(1~10절)

이스라엘의 40년 광야의 방황은 그들의 불순종과 불신앙의 죄 값이었지만(민 14:20~38), 아브라함의 자손 히브리 선민에게는 철저한 '하나님의 훈련' 기간이었다. 이런 광야의 혹독한 훈련이 있었기 때문에 광야에서 태어난 2세대는 1세대처럼 언약의 땅 가나안에 입성하는 것을 극렬하게 반대(민 13:32~14:3)하지 않았고, 순순히 여호수아의 지휘 아래 3일 만에 요단강을 건너 여리고 성까지 진입했던 것이다(수 1:11, 2:1). 모세에 비하면 풋내기 지도자에 불과했던 여호수아와 함께 백성들 전체가 하나가 되어 마침내 요단강을 건너 장대 같은 아낙 자손들을 뚫고 들어간 것이다..

(1) 계시 언약의 구속사 땅

하나님의 계명과 율법의 법도를 지키면 가나안 땅의 계시 언약대로 성취될 것이다(1~6절). 3대 족장에게 주셨던 계시 언약의 구속사 땅이다.

(2) 영원한 안식의 나라

언약의 땅 가나안은 안식의 성지로 영원한 안식의 나라 천국을 가리킨다(7~10절). 배부름과 안식으로 인해 여호와 하나님을 찬송하리라(10절).

둘째, 하나님을 잊지 말라(11~20절)

언약의 땅에 들어가 ①등 따습고 배부를 때에 하나님 여호와를 잊어버리게 되면 3대 족장에게 주셨던 그 언약은 무효가 되고 영원한 가나안을 빼앗기게 된다(12~18절). ②메시아의 구속사가 무너지면 결국은 메시아 언약이 없는 이방 땅으로 쫓겨나게 된다(19~20절). 그러나 이스라엘이 계명과 율법을 지키면 3대 족장에게 주신 언약은 유효하여 구속사 언약 계시가 성취되면, 이스라엘의 예루살렘은 천하 만민을 구원할 성지가 될 것이다(사 60:1~9, 62:6~12, 66:10~14).

구속사 설교

◈ 성도의 시련과 훈련 ◈

하나님께서 인간에게(더구나 성도에게) 시험을 주심으로 근심시키거나 고생하게 하는 것은 하나님의 본심이 아니다(애 3:33). 아무런 죄나 허물도 없고 오히려 그리스도 예수님께 헌신하고 충성을 다하는 청지기 일군인데도 의인 욥처럼 고난을 겪는 경우도 있다. 성도들이 세상에서 당하는 고난을 어떻게 설명해야 할까? 출애굽 한 이스라엘이 자기들 갈 길을 곧바로 갔다면 한 주간이면 도달할 수 있는 거리를 무려 40년이나 광야를 헤매고 다녔다. 우리가 얻게 되는 교훈은 무엇인가?

1. 교육 현장이었다.

이스라엘이 가나안에 들어가는 것은 큰 난관이고 고난이고 시험이다. 그러나 이미 600여 년 전 하나님께서 아브라함에게 언약하신 대로 그곳은 선민 이스라엘의 땅이고, 그곳에서 메시아 성탄이 있을 것을 믿고 순종했다면 어렵기는 했겠지만 얼마든지 그 땅은 열리고 입성할 수 있었다. 그런데도 이스라엘 1세대는 믿음으로 입성하지 못하고 불신앙과 불순종으로 하나님의 뜻과 경륜을 외면하고 반역했기 때문에 40년을 광야에서 떠도는 나그네가 된 것이다(민 13:20~38). 비록 광야 1세대는 다 죽었지만 20세 이하 청소년과 광야 태생 2세대는 부모의 눈물을 봤고, 그들 삶의 현장은 곧 교육의 현장이었다.

이제는 모세 대신 여호수아가 다시 가나안의 문을 열어야 했다. 40년이 지났어도 달라진 건 없다. 전에 있던 아낙 자손 대장부들도 그대로 있다. 그렇다면 2세대도 부모 세대처럼 우리가 그 땅에 들어갔다가는 다 죽고 만다면서 여호수아를 대적하며 아우성쳐야 하지 않겠는가. 그러나 2세대는 달랐다. 오히려 일심으로 지도자 여호수아에게 힘과 용기를 더해주고 있다(수 1:16~18). 이렇게 할 수 있었던 것은 광야 40년 동안 메시아의 구속사 신앙과 하나님에 대한 삶의 현장 교육 때문이었다. 때로 고난은 우리에게 경각심(警覺心)을 준다. 그러므로 고난의 체험만큼 인생에 위대한 스승은 없다.

2. 족장의 언약 계시

언약의 땅 가나안까지는 장년이 걸어도 한 주간이면 갈 수 있다. 그 행로에는 비어 있는 광야가 6개나 있고(시내 광야, 바란 광야, 에담 광야, 술 광야, 아라바 광야, 신 광야) 요단강 근처에는 모압 평지도 있다. 여기저기 빈 땅이 많은데 무엇 때문에 열하루나 걸려서 가나안 땅까지 가야 하는가(신 1:2). 더구나 그 땅에는 800~1000년 전부터 장대한 네피림 후손, 아낙 자손의 일곱 족속이 살았는데 400년 노예 생활로 메뚜기 같아진(민 13:33) 이스라엘이 어떻게 그들을 이길 것인가. 싸우기도 전에 전의(戰意)를 상실한 백성들은 지금이라도 애굽으로 돌아가야 한다고 소리를 높였다(민 14:1~4). 족장들에 대한 언약 계시가 없었다면 백번 맞는 말이다. 그러나 하나님께서는 이미 600여 년 전부터 3대 족장(아브라함, 이삭, 야곱)에게 가나안 땅을 주시겠다고 언약하셨다(창 12:1~3, 13:14~17, 15:5~7, 18~21, 17:8, 26:1~4, 28:3~4, 10~15절). 만약 이스라엘의 1세대가 족장들에게 주셨던 하나님의 언약 계시를 믿었다면 무조건 네피림 후손 아낙 자손을 뚫고 가나안 땅으로 진입했을 것인데, 여호수아와 갈렙 외에는 아무도 그 같은 믿음이 없었기 때문에 40년 동안 광야에서 하나님의 진노로 모두 멸망하고 말았다(민 14:20~28).

그러나 20세 이하 백성과 광야에서 태어난 2세대는 부모 세대와는 달랐다. 험하고 모진 40년 모래벌판에서 그들이 체험한 것은 하나님 계시 언약을 거스르고 불순종하면 누구도 살아남을 수 없다는 것을 절감(切感)했다. 그래서 2세대는 모세의 후계자 여호수아에게 "우리에게 요단강을 건너 가나안 일곱 족속과 싸우게 하소서. 족장들에게 주신 하나님의 언약 계시가 지금도 유효하고, 우리가 승리할 것이니 오직 당신은 마음을 강하게 하시며 담대히 하소서" (수 1:18)라고 했다.

하나님께서는 언약 계시가 없는 1세대는 다 멸하셨고, 그 대신 광야에서 족장의 언약 계시와 메시아 성탄 계시를 교육받은 2세대를 여호수아와 함께 가나안 땅에 입성하는 승리의 구속사 백성이 되게 하셨다. 신앙의 훈련과 교육은 누구에게나 승리를 가져오게 한다.

사도 바울은 훈련받고, 시험당하는 성도들에게 "오직 하나님은 우리의 유익을 위하여 그의 거룩하심에 참여하게 하시느니라 무릇 징계가 당시에는 즐거워 보이지 않고 슬퍼 보이나 후에 그로 말미암아 연단 받은 자들은 의와 평강의 열매를 맺으리라 그러므로 피곤한 손과 연약한 무릎을 일으켜 세우고 너희 발을 위하여 곧은길을 만들어 저는 다리로 하여금 어그러지지 않고 고침을 받게 하라"(히 12:10~13)고 썼다.

3. 구속사의 안식

이스라엘 1세대는 하나님께서 3대 족장에게 주신 언약의 땅 가나안에서 이스라엘과 온 인류를 구원하실 메시아 성탄의 구속사를 알지도 믿지도 못했다. 그렇기 때문에 가나안이 아니더라도 사방에 빈 땅이 즐비한데 무엇 때문에 전쟁터에서 죽겠냐며 모세를 대적하고 하나님을 외면했다.

그렇지만 2세대는 네피림 후손 아낙 자손과의 전쟁보다 광야 40년의 모진 고통을 감내했기 때문에 참된 평화와 안식은 오직 언약의 땅 가나안에만 있다는 것을 깊이 깨닫고, 여호수아와 함께 그 나라에 들어가려 한 것이다. 광야의 고통과 고난이 영원한 천국의 모형인 안식의 땅 가나안을 사모한 것이다.

사도 베드로는 로마인들로 인한 박해의 고난이 심할지라도 그 고난으로 주님을 사모하게 되고, 하나님 나라 소망이 생긴다면 우리는 그 고난에 감사해야 한다고 말씀한다(벧전 2:19~21, 3:17~19, 4:12~16). 사도 바울도 "그리스도의 고난이 우리에게 넘친 것 같이 우리의 위로도 그리스도로 말미암아 넘치는도다"(고후 1:5)라고 하면서 이 세상에는 진정한 안식이 없고, 오직 주님의 나라에만 무궁한 안식이 있을 뿐이라고 했다(히 4:9~11).

현대 그리스도인은 지나치게 물질문명과 세속주의 문화에 젖어 있다 보니 하나님 나라의 안식과 무궁한 세계에 대한 신앙 감각이 무뎌졌다. 이스라엘 2세대는 인고(忍苦)의 40년을 지내면서 하나님께서 3대 족장에게 계시 언약으로 주셨던 구속사 안식의 땅 가나안을 동경(憧憬)하게 된 것이다. 그 안식에 대한 그리움의 표증이 여호수아와 함께 가나안 땅에 입성하려는 데서 나타난다. 이 시대 그리스도인 또한 고난의 강을 건너다보면 주 예수님 나라의 안식을 더 사모하고 그리워하게 된다. 구속사의 안식은 고난을 통해 얻어지는 열매이다.

제 9강 패역한 이스라엘

본문 : 신명기 9장, 출애굽기 32:1~35

7장부터 계속 하나님은 이스라엘 백성이 가나안 땅에 입성한 후에 갖게 될지도 모를 자만심에 대해 경계하셨다. 물론 지금의 백성들은 1세대와는 다르다. 광야 40년간 거칠고 험한 모래벌판에서 훈련되고 정제(精製)된 신앙의 세대였다. 그렇기는 해도 인간의 속성은 등 따습고 배부르면 지나간 때를 잊고, 자기 혼자 잘 나서 된 것처럼 거들먹거린다. 오늘이 있도록 자기를 만들어 주신 하나님도 잊어버리게 된다. 하나님은 ①애굽에서의 400년 노예 생활의 고초를 잊지 못하게 하셨고 ②불순종하고 배반했던 광야 생활도 지워지지 않도록 자꾸 상기시켰다. 7장부터 본 장까지 계속 되풀이하셨다. 본 장의 내용은 ①하나님이 하신 가나안 정복(1~5절) ②이스라엘 반역의 역사(6~21절) ③다른 반역 사건(22~24절) ④모세의 중보기도(25~29절) 이다.

첫째, 하나님이 하신 가나안 정복(1~5절)

이스라엘 1세대가 정복하지 못한 그 가나안 땅에 2세대가 돌아왔다. 다시 돌아와서 보니 그 땅의 국경은 전과 다름이 없었다. "그 성읍들은 크고 성벽은 하늘에 닿았으며 크고 많은 백성은 네가 아는 아낙 자손이라" (1~2절). 이런 상황을 민수기에는 10명의 정탐꾼이 자기 백성에게 보고했고, 본문에는 하나님께서도 그렇게 보고 계신다. 그렇기 때문에 애초에 하나님께서 12명 정탐꾼을 가나안 땅에 보낸 것은 그곳의 지형을 탐색하러 보낸 것이지, 네피림 후손인 아낙 자손과 전쟁하러 보낸 것은 아니다. 하나님께서 먼저 그 상황을 다 알고 계시는데 어찌 이스라엘에 그런 무모한 싸움을 시키겠는가.

이미 가나안 땅은 600년 전 아브라함 때부터 하나님이 밭아 놓으신 곳이다. 그러므로 이스라엘이 믿고 순종하면 하나님께서 "맹렬한 불과 같이 네 앞에 나아가신즉 여호와께서 그들을 멸하사 네 앞에 엎드러지게" 하실 것이다(3절). 이렇게 가나안이 하나님 앞에 거꾸러지는 것은 ①3대 족장에게 언약하신 땅이요 ②그 땅 족속들의 죄가 하늘에 닿았고 ③그 땅에 천하 만민을 구원하시려고 메시아가 오실 것이기 때문이다(창 15:12~21). 그러므로 가나안 정복을 이스라엘 자손이 스스로 했다고 자랑하지 말라는 것이다(4~5절).

둘째, 이스라엘 반역의 역사(6~21절)

이스라엘 백성이 가나안 땅에서 살게 될 때 자만해선 안 될 것이 ①하나님께 불순종한 1세대는 광야에서 다 죽었고 ②모세가 호렙 산 위에 올라 40 주야(晝夜)를 금식하며 십계명의 규례와 율법의 법도를 받을 때(6~13절), 산 아래서는 금송아지를 만들어 우상숭배를 하자 하나님은 크게 진노하셨고(14~19절, 출 32:1~10), 결국 모세의 중보 기도로 용서를 받았다(20~21절, 출 32:11~14). 이런 범죄자들이 자기들 스스로 가나안 땅을 무너뜨렸다고 자랑하며 교만할 수 있겠는가.

셋째, 다른 반역 사건(22~24절)

불순종했던 1세대는 광야에서 40년을 방황했고, 하나님의 신령한 산에서 모세는 자기 목숨을 내놓고 금식하며 계명과 율법을 받는데 산 아래서는 모세가 보이지 않는 틈을 노려 금송아지 우상을 만들어 숭배했으니 어찌 이 같은 패역한 정신으로 언약의 성지에 입성할 수 있겠는가. 이번에는 패역한 사례를 들고 있다.

(1) 다베라, 맛사, 기브롯 핫다아와(22절)

'다베라' 는 출애굽 제2년 바란 광야에서 백성이 원망할 때 여호와께서 진영에 불을 붙였던 곳이다(민 11:1~3). '맛사' 는 신 광야 르비딤에서 백성이 물이 없다고 여호와를 원망했고, 모세가 반석을 쳐서 물을 냈던 곳이다(출 17:1~7). '기브롯 핫다아와' 는 만나에 싫증 난 백성이 원망할 때 하나님이 메추라기를 주셨고, 탐식(貪食)으로 죽은 곳이다(민 11:31~34).

(2) 가데스 바네아(23절)

출애굽 2년, 12명의 정탐꾼을 보낸 곳이다. 40일을 정탐하고 돌아온 10명의 불신앙 보고로 인해 40년을 광야에서 방황하게 된다(민 14:20~38).

(3) 자만하지 말라(24절)

이스라엘이 출애굽 할 때부터 40년이 지나고 가나안에 입성할 때까지 항상 하나님을 거역했는데(24절) 어찌 이런 자들이 가나안 문을 스스로 열 수 있겠는가. 절대 자만하지 말라는 경고다. 본문의 특기할 점은 이 세 가지 역사적 사실이 연대순으로 되어 있지 않고, 오히려 더욱 작은 죄악에서 큰 죄의 순서로 되어 있다는 것이다. 이는 백성의 양심을 보다 점증적(漸增的)으로 날카롭게 찌름으로 그들이 진정 하나님을 거역했다는 사실을 고백하려는 의도에서 그리한 것이다(Keil).

넷째, 모세의 중보기도(25~29절)

40년 전의 사건을 재론하는 것은 ①가나안에 입성하기 전에 이스라엘로 철저하게 회개시키고 ②그 땅에 들어가서 자만에 빠지지 않도록 경각심을 주고 ③모세는 그 땅에 메시아가 오실 때까지 자기 백성을 위해 메시아 중보의 대신이라는 것을 보여 주기 위해서다. 아브라함, 이삭, 야곱 족장과 언약하신 것은 장차 오실 메시아를 예표한다(27절).

◈ 모세의 모범적 중보기도 ◈

예수님께서 우리 인생의 중보자로 오시기 전까지 이스라엘 백성의 중보자는 대제사장이 맡았고, 중보 기도는 모세가 담당했다. 누가 중보자가 되었든지 중보자는 자기 뜻보다 하나님의 뜻에 합당해야 하고, 개인적인 사심이 없어야 했다(약 4:3, 요일 5:14). 이런 면에서 예수님이 우리 중보자로 오시기 전까지 모세는 그리스도를 대신해서 하나님 앞에서 위대하고 모범적인 중보자였다

1. 모세는 오직 하나님만 기도의 대상으로 모셨다.

출애굽 하는 이스라엘 백성의 앞길을 홍해가 가로막았을 때, 모세는 애굽 왕과 타협하거나 물러서지 않고, 오직 하나님만 기도의 대상으로 모셨다(출 14:13~14). 그때 하나님은 홍해를 건널 수 있는 비책(秘策)을 말씀하셨다(14:15~18). 신 광야 르비딤에서 마실 물이 없을 때도 백성들에게 우물을 파라고 지시한 것이 아니라 하나님께 구하면서 다 맡겼다(출 17:1~7, 민 20:1~9). 사람은 아무리 수고하고 애를 써도 불가능한 것이 있다. 모세는 자신과 백성들이 할 수 있는 건 최선을 다했고, 사람이 할 수 없는 것은 하나님께 맡겨 드린 중보 기도자였다.

2. 모세는 백성의 죄를 사하는 중보자였다.

모세는 하나님과 백성의 중보자였다. 그렇다면 어느 편에도 기준을 두지 않고 중간에서 헤아릴 수 있어야 한다. 그런데 모세는 항상 하나님 편에서 백성을 생각했다. 백성들 편에서 인본주의적 생각으로 '백성들이 오죽하면 저럴까?' 백성들의 형편을 헤아려 줄 만도 한데 모세는 그러지 않았나. 백성들의 원망과 불평, 반항, 거스르는 것을 하나님 앞에서 절대 용납하지 못했고 대신 사죄의 기도를 드렸다. 하나님만 전지전능, 무소 부재하시고, 흠과 죄가 없으신 온전하신 신이시고, 인간은 불완전한 죄인인 것을 항상 깨닫고 있었다.

따라서 사람은 온전하신 하나님의 뜻에 따르고 순종할 때만 거기에 평강과 질서와 축복도 있다. 모세는 하나님을 떠나선 아무것도 할 수 없다는 것을 알고 자기 백성의 실수와 죄를 하나님 앞에 드러내어 사죄하는 중보자였다.

3. 모세는 하나님의 언약을 알고 있었다.

모세가 하나님의 뜻에 무조건 순종하여 받드는 것은 하나님 계시 언약을 훤히 인지(認知)하고 있었기 때문이다. 히브리 백성들이 왜 애굽에 들어와 400년을 살아야 했으며, 반드시 가나안 땅에 들어갈 것과 오직 그 책임이 자기에게 있다는 것을 다 알고 있었다. 그러므로 어떤 내부적인 반발과 반역의 갈등이 있고, 외부적인 목마름과 배고픔과 전쟁이 있더라도 이스라엘은 반드시 하나님께서 600여 년 전부터 족장에게 언약하신 대로 가나안 땅에 입성할 것을 알고 중보자로 그 사명을 감당한 것이다.

하나님께서 반역하는 무리를 다 죽이려고 하실 때도(출 32:7~14, 민 14:20~38), 모세는 여호수아와 갈렙만이라도 데리고 언약의 땅에 들어가야 했기 때문에 하나님께 눈물로 그들의 죄를 빌고 용서의 기도를 한 것이다.

4. 모세는 사명에만 충실했다.

모세의 신성 모독죄로 언약의 땅에 들어가지 못한다는 하나님의 징계가 내려졌을 때 그는 자기의 허물만 용서되기를 바랄 뿐(민 20:10~12, 신 32:50~52), 자기가 40년 동안 하나님과 백성을 위해 수고하고 헌신한 공로에는 전혀 말이 없다. 구속사의 종 바울도 자기 공로에는 전혀 변명의 말이 없다(고전 9:6~23). 모세와 바울, 두 사람은 청지기의 큰 사명자다(눅 17:7~10). 오늘 세습의 악행과 정년 퇴직금 때문에 교회와 다투는 부끄러운 일은 없어야 한다.

제 10강 다시 회복된 하나님의 언약

본문 : 신명기 10장, 출애굽기 34장

신명기 9장에는 이스라엘이 가나안에 들어간 후, 결코 자만에 빠져서는 안 되는 이유로 금송아지숭배와 다른 패역의 사건을 들어 경고하신다. 본 장에서는 우상 숭배로 파기되었던 하나님의 언약(십계명의 두 돌판, 출 32:19~20)이 하나님의 은혜로 회복되었고 따라서 이스라엘은 하나님 은혜에 감사하여 하나님의 뜻을 좇아 살아야 할 것을 깨우치고 있다. 내용은 ①두 번째 십계명 돌판(1~5절) ②엘르아살 제사장 승계(6~11절) ③하나님 계명을 순종하여 받들라는 교훈(12~22절)이다.

첫째, 두 번째 십계명 돌판(1~5절)

애굽 땅을 떠난 지 3개월 만에 이스라엘 자손은 시내 광야, 호렙산에 이르렀다(출 19:1~2). 모세는 산 위에 올라 40일간 머물면서 십계명 두 돌 판과 율법을 받았고(출 20~31장), 산 아래 있던 백성들은 오랫동안 모세가 산에서 내려오지 않자 금송아지를 만들어 섬기게 된다. 40일 만에 산에서 내려 온 모세는 우상을 섬기고 있는 타락한 백성들을 보자 대노(大怒)했고, 손에 들고 내려 온 두 돌판을 산 아래로 던져 깨뜨려버린다(출 32:19~20). 결국 하나님은 레위자손을 시켜서 3000명을 죽였고, 백성들이 회개할 때(출 33:4, 6절)

다시 호렙산에 오른 모세에게 다시 쓰신 십계명 두 돌판을 주셨다(출 34:27~29). 두 돌 판에 기록한 십계명은 법궤(증거궤) 안에 넣어 보관했다(출 25:16, 40:20).

둘째, 엘르아살 제사장 승계(6~11절)

비록 이스라엘이 금송아지 숭배 사건으로 하나님을 배신했지만, 광야 40년을 지나는 동안 하나님께서는 이스라엘을 회복 시켜 주셨고, 만민의 제사장 나라(출 19:6) 백성의 믿음을 정비 시켜 주셨다. 하나님의 이스라엘 백성의 믿음 정비는 ①대제사장 아론이 호르산에서 죽었을 때(민 33:38~39, 신 32:50), 그의 아들 엘르아살을 세워 제사장직을 승계시켰고(민 20:25~29) ②앞서 출애굽 제 2년에 성막을 섬기고 봉사할 레위 지파를 구별하여 주셨고(민 3:5~13, 8:5~22) ③모세의 간절한 중보기도가 응답하여 이스라엘 백성을 가나안 길로 이끌었다(10~11절).

아무리 이스라엘이 패역할지라도 그들이 아니면 언약의 땅 가나안에 입성할 백성이 없었고, 나아가서 가나안 일곱 족속을 멸망시킬 자도 없었고, 그 땅에 성탄 하실 메시아를 영접할 다른 백성도 없었기 때문에 하나님께선 일찍이 3대 족장에게 언약하신 대로 이스라엘을 회개시켜서 다시 구속사 도구가 되게 하셨다.

셋째, 하나님 계명을 순종하여 받들라(12~22절)

신명기 9장에서부터 지금까지 언급하신 이스라엘 대한 하나님의 교훈은, 금송아지 숭배 사건 때도 회개하면 돌이켜 복을 주시는 하나님께선 오직 이스라엘만 언약의 땅 가나안으로 들어가게 하신 하나님의 크신 은혜와 사랑의 배려일진대 어찌 하나님의 말씀대로 행하며 순종하지 않을 것인가. ①너희 자신의 행복을 위하여 하나님의 계명에 순종하라(12~16절). ②너희 나그네 된 자들을 하나님께서 어떻게 광야에서 40년 동안 돌보시고 지켜주셨는가를 생각하고, 깨달아 하나님을 경외하라(17~20절). ③너희 자신의 번영과 창성(昌盛)을 위해 하나님의 계명에서 떠나지 말라(21~22절).

구속사 설교

◈ 하나님이 요구하시는 것 ◈

출애굽 한 이스라엘이 석 달 만에 시내 광야에 이르렀고, 모세는 하나님께서 자기 백성에게 주시는 십계명의 규례와 율법의 법규를 받으려고 호렙산에 올라가서 40일을 금식했다. 그러나 산 아래 있던 백성들은 금송아지 우상을 만들어 그것에 경배하고 먹고 마시며 뛰놀았다(출 32:1~6). 이 사건으로 3000명이 죽었다(출 32:27~28). 그런데도 모세의 중보기도를 들으신 하나님은 백성의 죄를 사하셨고, 그들이 광야 40년과 가나안 땅에 들어가서 하나님께 행하고 지켜야 할 5가지를 요구하셨다. 이것은 비단 이스라엘 백성뿐만 아니라 우리 성도들도 지키고 행해야 할 하나님의 요구이다.

1. 네 하나님을 경외하라

자녀를 낳고 길러주신 부모님을 경외하는 것이 인간의 마땅한 도리라면, 창조 된 인간이 창조주 하나님을 기억하고 경외하는 것은 당연한 도리요, 책임이다. 더구나 그리스도인은 창조 전에 우리를 예정하고 선택하신 그리스도 예수님의 백성이니 우리는 더욱 마음과 뜻과 정성을 다해 하나님을 경외해야 한다.

온 천하 백성들 가운데서 오직 이스라엘을 하나님의 장자와(출 4:22) 제사장 백성으로 삼아 주셨으니(출 9:6), 이스라엘은 여호와 하나님의 친자(親子)이다. 그렇다면 자기들 신이신 하나님을 경외하는 것은 너무도 당연한 일이다.

2. 네 하나님의 도를 행하라

여기서 '도(בִּדְרָכָיו · 뻬드라카이우 · in his ways, 신 8:6)'는 '그의…길'을 가리키는데 '말씀'과 '계명'으로 볼 수 있다. 검을 쓰는 자에겐 무사도(武士道)가 있고, 인간에겐 인륜지도(人倫之道)가 있듯이 하나님의 자녀에겐 신앙의 길이 있다. 이것은 계명과 교리를 실천하는 생활이다. 계명과 교리에서 벗어나 성경대로 행하지 않고(마 5:17~23) 실천이 없는 자는 하나님의 자녀, 성도라고 할 수 없다.

이스라엘 백성에게 '도' (그의 … 길)란, 언약의 땅 가나안에 들어가는 것과 구속사를 이루려고 성탄 하시는 메시아 예수 그리스도를 모시는 것이다. 모세와 여호수아, 갈렙처럼 언약의 땅에 들어가려는 백성만 '하나님의 도'를 지키는 자다.

3. 네 하나님을 사랑하라

'네 하나님을 사랑하라'는 계명은 모든 계명 중에 으뜸이다(6:4~5). 하나님을 사랑하는 자는 설령 죽음이 온다 해도 우상숭배를 할 수 없다. 하나님을 사랑하는 자는 그리스도의 형상과 모양으로 창조된 사람을 사랑할 수 있다(마 22:37~40). 하나님과 예수님을 제일 사랑하는 자라고 나를 내세울 수 있어야 한다.

4. 네 하나님을 섬기라

우리가 하나님을 사랑하기 전에 하나님이 먼저 우리를 사랑하셨고(요일 4:10, 19절), 우리가 예수님을 섬기기 전에 그분이 먼저 세상에 오셔서 우리를 섬기려고(마 20:28, 요 13:4~5, 14~15절) 자신을 골고다 십자가에 몸 찢고 피 흘리는데 내놓으셨다(히 9:28). 예수님이 먼저 우리를 사랑하고 섬기셨으니 이제는 우리가 하나님과 예수님과 성령님을 사랑하고 섬겨야 한다. 이스라엘 백성이 언약 된 가나안 땅에 들어가는 것만도 하나님을 섬기고 사랑하는 것이 되었다면, 그리스도인이 천국에 들어가기를 힘쓰기만 해도 하나님을 사랑하고 섬기는 것이 된다.

5. 네 하나님의 명령과 규례를 지키라

명령과 규례란, 구약의 십계명과 모든 율법이고, 신약의 복음인 성경을 가리킨다. 하나님의 명령이신 십계명을 지키고, 진리 복음을 따르고, 율법을 그대로 실천하는 것 자체가 우리에겐 영적 유용성(有用性)과 생활 지침이 된다(시 119:97~106). 하나님의 5대 요구를 우리 성도들도 잘 지키고 행하여 범사에 복을 받아야 한다(26:16~19, 28:1~14).

제 11강 하나님께 청종(聽從)하라

본문 : 신명기 11장

6장부터 이어지는 하나님의 명령과 규례로 본 장에선 두 가지 결단을 촉구하신다. 하나님 계명의 명령과 율법의 법도를 지키고 청종하여 복을 받고 번영을 누리면서 살 것인가, 아니면 불순종하여 저주와 파멸에 처할 것인가 하는 것이다. 내용은 ①하나님께서 행하신 큰 일(1~7절) ②언약하신 땅(8~12절) ③청종하는 자의 복(13~25절) ④복과 저주(26~32절)이다

첫째, 하나님께서 행하신 큰일(1~7절)

430년간 애굽의 노예 생활만 했던 이스라엘 백성이 출애굽부터 가나안에 들어갈 때까지 그들이 할 수 있는 일은 아무것도 없었다. 하나님께서 이미 그들을 사랑하셨기 때문이다(4:37, 7:8). ①그런데도 그들을 끝까지 지켜주시고 가나안 땅으로 인도하신 것은, 3대 족장에게 언약하셨기 때문이고(창 12:1~3, 13:14~17, 15:12~21, 17:8) ②그 땅에서 이스라엘과 온 인류를 구원시킬 메시아의 구속사가 이뤄져야 하기 때문이다.

그래서 하나님께선 이스라엘 백성 앞에서 큰일을 행하셨으니 ①홍해 물로 애굽 군대와 그 말과 병거를 덮어 버리신 일(출 14:26~31) ②아말렉 군대를 진멸하신 일(출 17:13~16) ③아모리 왕 시혼과 바

산 왕 옥을 쳐서 물리치신 일(민 21:21~35) ④낮에는 구름 기둥, 밤에는 불기둥으로 인도하신 일(출 13:21~22) ⑤만나와 메추라기를 내려 주신 일(출 16장, 민 11장) ⑥반석을 쳐서 물을 마시게 하신 일(출 17:6~7, 민 20:1~13) ⑦모세를 거역하고 가나안 땅에 들어가지 않으려는 백성은 광야에서 다 죽이신 일(민 13:32~14:38) ⑧2세대를 통해 족장의 언약과 메시아의 구속사를 이루신 일 등, 하나님의 행하신 크신 일은 어느 신이나 인간도 감히 할 수 없는 신적 권능이었다(출 7:1~6, 9:13~16).

둘째, 언약하신 땅(8~12절)

이미 저자가 여러 번 밝힌 대로 이스라엘 백성이 출애굽하여 모압 평지에 이르기까지 비어 있는 땅이 수두룩하다. 무려 여섯 광야(시내 광야, 바란 광야, 에담 광야, 술 광야, 신 광야, 아라바 광야)나 빈 땅이다. 그런데 어찌하여 모세는 모든 시험과 환난과 어려움을 무릅쓰고 가나안 땅으로 가려 하는가? 3대 족장에게 주신 언약과 메시아 계시의 구속사가 없는 백성들은 그 이유를 알지 못해 하나님과 모세를 원망하고 대적했던 것이다(민 13:31~14:38, 16:1~35). 과연 그 땅은 젖과 꿀이 흐르는 에덴동산인가(11:9), 아니면 농사짓기 좋은 곳인가(11:10~12).

그 땅으로 가려는 목적이 무엇인가? ①3대 족장과 언약한 영원한 땅이기 때문이다. ②그 언약의 땅에서 이스라엘과(출 4:22, 19:6) 온 인류를 구원시킬 메시아 예수님이 성탄 하시고(미 5:2, 마 2:1~2) 재림하실 곳이기 때문이다(슥 14:4, 행 1:10~12). 이 언약은 모세가 태어나기 600년 전(B.C. 2081년경), 첫 언약의 조상 아브라함에게 허락하신 성지(聖地)였기 때문에 누구도 변경할 수 없는 불문율(不文律)이다(마 5:17~19). 이 안식의 땅은 비단 이스라엘 백성뿐만 아니라 어느 시대든지 예수 그리스도가 계시는 천국을 사모하는 모든 성도에게 주시는 예표이다(히 4:4~14).

셋째, 청종하는 자의 복(13~25절)

예수님을 믿고 주님 계신 하나님 나라에 들어가는 사람보다 복된 자가 없는 것처럼, 천국의 모형인 가나안 땅에 들어가는 사람보다 이스라엘에 복된 자는 없다. 우리가 어떻게 해야 가나안 복지, 천국에 갈 수 있는가? 신약시대는 천국의 모형을 이룬 교회에 다니는 구원된 성도들이고, 구약시대는 천국을 예표 하는 가나안 땅에 들어가는 이스라엘 백성이다. 그렇다면 천국의 모형인 교회, 천국의 예표인 가나안 땅에 들어가는 사람들이 무엇을, 어떻게 해야 천국 백성이 될 수 있는가. 2가지 비결이 기록되어 있다.

(1) 13~17절

하나님의 계명과 율법이 있던 부모님 세대는 ①그 명령과 계명을 청종하고 ②여호와 하나님을 사랑하고 ③마음과 뜻을 다하여 섬겼다. 부모님 세대는 이 3가지를 바로 지키면 물질 유혹에 빠지지 않고(14, 15절), 이방 다른 신들을 숭배하지 않을 수 있었다(16~17절).

(2) 18~25절

자녀 세대는 부모의 가르침을 잘 받아서(6:4~9, 10:12~22, 11:18~20) ①하나님의 명령을 청종하여 잘 지켜 행하고 ②여호와 하나님을 사랑하고 ③그 도를 행하고 ④하나님만 의지하고(22절) 가나안 일곱 족속을 쫓아내면(23절), 천하 만민이 이스라엘을 두려워하게 될 것이다(24~25절).

넷째, 복과 저주(26~32절)

이 말씀은 소위 '축복과 저주' 로 나뉘는 두 산의 비유로(27:11~15) 하나님의 말씀을 청종하면 그리심 산의 축복이 되지만, 하나님을 떠나 듣지 아니하면 에발 산의 저주가 된다. 여기서 축복의 근원도 하나님의 말씀이고, 저주의 근원도 하나님의 말씀인데 그것을 지키는 자도 있고, 안 지키는 자도 있다. 결과는 자기에게 책임이 따른다는 것이다. 아담과 하와에게 놓인 선악과와 같다.

선악과에는 축복도 있고 영원한 저주도 있다. 하나님은 그것을 따먹는 자를 경고 하셨지만(창 2:17), 그러나 먹는 자와 먹지 않는 자에게는 자유 의지가 있다. 그 결과는 자기가 책임져야 하는데 아담은 먹지말라 한 나무의 열매를 먹었다(창 3:17~19). 하나님의 말씀도 그와 같다. 지키면 그리심 산이 되고, 안 지키면 에발 산이 된다. 그래도 이스라엘은 하나님의 백성이고 하나님은 그들을 사랑하시므로 지키고 행하여 그리심 산의 축복된 백성이 되라 권면하신다(30~32절).

'그리심 산(הַר גְּרִזִּים · 하르 께리짐 · Gerizim)' 과 '에발 산

(הַר עֵיבָל · 하르 에발 · Ebal, 29절)' 은 기름진 세겜 땅 야곱의 우물 앞에 서로 마주 보고 서 있으며, 산의 높이는 해발 900m 정도이고, 너비는 두 산을 합하여 1800m 정도다. 세겜은 가나안의 중앙부에 속하고, 조상들의 성지였던 '모레 상수리나무' 부근이다(창 12:6). 여기에서 국민적 모임이 자주 있었고(수 24:1, 삿 9:1, 왕상 12:1, 25절), 여호수아의 무덤도 있다(수 24장).

'그리심 산' 은 축복의 산, '에발 산' 은 저주의 산이 된 것은 ①그리심 산의 위치는 남쪽, 우편이고(축복의 방향, 창 48:18, 마 25:33), 에발 산은 북쪽이다. 좌편은 저주를 상징한다(마 25:41). ②그리심 산은 숲과 산세가 울창하여 축복받은 모습이고, 에발 산은 그늘진 바위산으로 저주의 모습이다.

◈ 그리심 산과 에발 산 ◈

세상에는 이것도 저것도 아닌 중간 지대가 존재한다. 오히려 한 쪽에도 치우치지 않는 것을 중용지도(中庸之道)라 하여 현자(顯者)로 취급받는다. 심지어 전쟁의 당사자 사이에도 중립 지대가 있어 완충 역할을 하는데 우리나라 DMZ(Demilitarized Zone)가 그런 경우이다. 그러나 영적 세계에는 중립이 없다. 전쟁도 평화도 아닌 휴전 상태란 없고, 의도 불의도 아닌 회색지대도 존재하지 않는다.

어느 종교든지 나름대로 구원이 있다고 인정하는 소위 다원론적 구원관이 성행하고 있다. 그것은 누구나의 구원을 가리키는 인본주의 종교 사상이지 정통적인 성경관의 구원은 아니다. 세상에는 이 종교, 저 종교도 인정하지 않는 무신론도 있다. 그러나 참 종교라면 무신론은 인정하지 않는다. 무신론이란, 하나님은 고사하고 신(神) 자체를 인정하지 않을뿐더러, 지옥도 천국도 없다며 사후 존재를 인정하지 않는다. 그러나 하나님께선 그리심 산과 에발 산에서 모세에게 축복과 저주를 선포하게 하신다.

1. 인간은 그리심 산과 에발 산 아래 있다.

이스라엘 사람만 그리심 산의 축복과 에발 산의 저주가 있는 것은 아니다. 아담의 타락으로 인간 자체가 에발 산의 저주 아래 묶여 있는 사망의 몸이다. 이러한 에발 산의 저주받은 자들을 하나님의 아들 예수께서 구원하시려고 골고다 십자가에서 몸 찢고, 피 흘려주셨다. 그래서 골고다 십자가가 있는 자는 그리심 산의 영생으로, 아담의 원죄에 묶여 있는 자는 에발 산의 저주 아래 놓였다. 그러므로 우리 생애가 끝나기 전에, 그리심 산에 그 영혼이 놓여 있지 못하고 에발 산의 저수 아래 영혼이 묶여 있는 자는 성령님께 간구해야 한다.

2. 인간은 누구나 한 산을 선택해야 한다.

원래 창조된 인간은 예수 그리스도 안에서 그리심 산만 있었다(창 1:26~28). 그러나 인간의 창조보다 먼저 이 우주 안에 들어온(엡 2:2~3, 벧후 2:4, 유 6장) 옛 뱀 · 큰 붉은 용 · 사탄(계 12:3, 9절)에게 유혹당해 영혼까지 팔아 버린 아담(창 3:1~7, 눅 4:7)의 원죄를 물려받은(창 2:17) 인간에게 그리심 산은 떠나고, 에발 산만 들어오게 되었다.

그러므로 예수 그리스도께서 골고다 십자가에서 몸 찢고, 피 흘려 죽으신 것은 마귀 · 사탄에게 빼앗겼던 영생의 그리심 산을 다시 찾아 우리에게 돌려 주셨고(엡 2:3~5, 14~18, 벧전 1:18~19), 저주의 에발 산은 옛 뱀에게 넘겨 버렸다. 사탄에게 빼앗겼던 영생을 다시 찾은 그리스도의 사람들은 그리심 산에서 영원히 주와 함께 거하게 되지만, 아직도 옛 뱀에게 속해 있는 사람들은 현세나 내세에도 영원히 에발 산의 저주를 당하는 것이다. 결국 인생의 운명이란 어떤 인생은 축복과 영생의 그리심 산을, 또 어떤 자는 저주의 에발 산의 운명을 선택하게 된다. 그러기에 인간은 이것도 저것도 아닌 중립지대는 없다. 아무 신도 믿지 않는 무신론자 역시도 아담의 피를 이어받은 인간으로 사탄에게 속해 현세도, 내세도 저주받는 에발 산에 있는 것이다.

3. 인간은 자기 인생을 책임져야 한다.

하나님은 아담에게 축복의 그리심 산(창 2:7~9)과 저주의 에발 산을 가르쳐 주셨다(창 2:17). 어떤 길이 바른 것인지 가르쳐 주셨다(창 2:15~17, 겔 18:1~4, 23, 30~32, 33:11~16). 그러나 하나님께서는 인생을 금붕어처럼 어항 속에 가두지 않고 누구에게나 자유 의지를 주셨다(H.Bavinck). 죄에 대해 깨우침을 주셨으나 그런데도 죄를 짓고, 안 짓는 것은 개인의 자유 의지였다.

성경을 기록한 목적은 ①예수님을 믿고 천국 가는 구원과(딤후 3:15) ②하나님의 사람으로 온전케 하는 것이다(딤후 3:16~17). 그렇지만 하나님의 명령에 순종하여 그리심 산의 축복과 영생을 얻는 것도 자기 책임이고, 불신앙과 불순종으로 에발 산의 저주와 무저갱 유황불에 들어가는 것도 자기 책임이다. 현세에 복음 전도자들은 한 사람도 에발 산의 저주받는 자로 있지 못하게 하기 위해 열심히 복음을 전하지만 듣고 안 듣는 것은 그 사람의 책임이다(눅 16:29, 31절).

4. 그리심 산은 현세에만 존재한다.

축복과 영생의 그리심 산은 그가 지금 사는 현재뿐이기 때문에 예수님을 믿고 구원받으라는 것이다. 만약 현세에서 그리심 산이 되지 못하면 사후 세계에선 그리심 산 얻을 기회가 영원히 없기 때문이다. 지금은 그리심 산에 속할 마지막 기회인 줄 알고 불신앙과 불순종의 에발 산을 버리고, 예수 그리스도를 믿음으로 그리심 산으로 오라는 것이다. "그에게서 현세는 사후 세계의 심판의 결정적 장소이다" (J.Edwards).

제 12강 하나님을 섬기는 규례와 법도

본문 : 신명기 12장, 레위기 17:1~16

모세는 그의 '두 번째 설교' (4:44~26:19)에서 율법 전체에 관해 말씀하셨고(4:44~11:32), 이제 그 율법의 내용을 크게 둘로 나누어 ①하나님께 대한 종교적 규례와(12~16장) ②사람에 대한 사회적 규례(17~26장)로 분류한다. 하나님에 대한 종교적 규례는 ①성소에 대한 규례(12장) ②우상 숭배 경계(13장) ③부정한 식물(14장) ④안식년(15장) ⑤3대 절기(16장)로 나눈다.

본 장은 성소에서 하나님께 드릴 제사 규례와 하나님의 백성으로 어떻게 바른 생활을 할 것인가에 대한 예배와 생활의 지침서이다. 하나님께 드리는 제사 규례와 생활 법도가 출애굽기, 레위기, 민수기에도 기록되었다. 그러나 하나님께서 모세에게 또다시 주지(主旨)시키는 것은 전자에서는 가나안 입성 전 광야에서 40년을 지나면서 성막 제사의 규례와 백성으로 지키고 행할 생활 법칙이라면, 제5권의 신명기는 가나안에서 일곱 족속과 차별된 선민 이스라엘에 주시는 제사 규례와 생활법도이다.

첫째, 우상 파괴 명령(1~3절)

우상에 대한 파괴 명령은 가나안에 입성하자마자 먼저 해야 할 절대적 임무이다. 왜냐하면 이스라엘은 오직 성막 안 성소에서만 예배

드리지만, 가나안 땅에서는 산과 들, 나무와 바위만 있어도 그것을 숭배하고 제사하기 때문이다. 이스라엘이 먼저 가나안에서의 우상 숭배와 음행 문화를 철폐시키지 않고는 그들의 타락한 문화에 흡수 당해 버리기 때문이다.

둘째, 중앙 성소(4~14절)

이스라엘 선민의 종교관은 여호와 하나님만 섬기는 유일신론(唯一神論)으로 그분만 섬기고 예배드리는 장소가 분별 되어 있었다. 그러나 이방인의 종교관은 다원주의(Pluralism) 사상으로 우상이 천지 사방에 널브러져 있다. 그래서 하나님께서는 출애굽 한 이스라엘을 호렙산에 1년간 머물게 하시면서 예배드릴 유일한 장소의 성막을 만들게 하셨고, 지성소에 법궤를 안치하고, 그곳에서만 예배드릴 것을 명하셨다.

40년 광야에선 성소와 지성소를 12지파 중앙에 모셨고, 행로에서도 성막은 항상 백성 앞에서 출발했고, 성막이 멈추면 성막을 중심으로 동서남북 사방으로 진을 쳤다. 안식일 예배는 성막 중앙에 있는 성소에 나가 제사를 드렸는데 이는 장차 오실 예수님의 모형으로 이스라엘의 신은 오직 여호와 하나님과 메시아 예수님이신 것을 가리킨다.

이방인의 신전이란, 자기들 좋은 곳에 산지사방 산당을 만들어 놓고 자기들 원하는 방식대로 제사를 드리지만 그러나 이스라엘의 성막은 온전히 하나님의 계시로 만들었고, 심지어 성물 한 가지도 인위적인 것이 없다. 성물과 성막의 제조 의미는 모두 오실 메시아의 구속사에 맞춰져 있다.

셋째, 식용 짐승의 규례(15~28절, 레 17:1~16)

레위기의 모든 생축은 일단 성막 문 안으로 끌고 가서 거기서 잡으라고 되어 있는데, 본문에선 일반적인 생축은 각 성에서 자유로이 잡으라고 하셨다. 이런 차이는 레위기의 생축은 하나님의 성소에서 제사 드릴 때 쓸 제사용이었다면, 본문은 누구나 잡아먹을 수 있는 일반적인 짐승을 가리킨다.

레위기의 생축은 정결한 자만이 먹을 수 있으나(레 22:1~9), 각 성에서 잡은 식용 짐승은 부정한 자도 먹을 수 있었다(15, 20, 21절). 그렇지만 각 성이라도 ①곡식과 포도주와 기름의 십일조 ②첫 새끼 ③낙헌 예물 ④거제물(17절) ⑤성물 ⑥서원물(26절) ⑦화목제물(27절)은 반드시 하나님께서 택하신 곳에서 먹으라고 하셨다. 그리고 모세오경에서 한결같이 먹지 말라는 것은 피다. 짐승 피든지 사람 피든지 그것들의 생명이기 때문에 먹지 말라고 금했다(16, 23, 25~27절).

여기 남녀노소를 막론하고 심지어 종들까지도 "하나님 여호와 앞에서 레위인과 함께 먹고 즐거워하라" (12, 18절) 는 것은 특별히 감사 절기(오순절의 맥추절, 초막절의 추수감사절) 때 그렇게 하라는 말씀이다. 그때는 8일 동안 잔치하면서 신분 관계도 없고, 아브라함의 백성만 있게 된다. 다같은 하나님의 구속사 신민이 된다

(14:28~29, 16:9~15).

넷째, 우상 숭배 금지(29~32절)

본 장의 첫 번째 내용(1~3절) 부분을 재강론하고 있다. ①우상을 철폐하는 것으로 끝나지 말고 그것에 관해 관심도, 호기심도 갖지 말라는 철저한 경계이다(29~30절). ②인신 제사를 하지 말라. 가나안에는 인신 제사가 있었다. "심지어 자기들의 자녀를 불살라 그들의 신들에게 드렸느니라" (31절) 는 말씀은 이방신 중에서 가장 극단적이었던 '몰렉' 을 가리킨다. 이는 암몬 족속의 신으로 자녀를 불살라 그들의 신에게 드리는 우상 숭배였다(레 18:21, 왕상 11:5 렘 32:35, 행 7:43). 그런데도 솔로몬이 몰렉의 신당을 지었고(왕상 11:7), 아하스(대하 28:1~3)와 므낫세(왕하 21:1~6)가 자기 자식을 몰렉에게 바쳤다. 예루살렘 서남쪽인 '힌놈의 골짜기' 에서 몰렉을 섬겼고, 이곳을 성경 명칭으로 '게헨나(γέεννα · 지옥)' 라고 하였다.

◈ 예루살렘 중앙 성소 ◈

하나님께서 당신의 이름을 두시기 위해 선택하신 이스라엘의 중앙 성소는 예루살렘이다. 예루살렘의 중앙 성소는 하나님께서 직접 지시하신 곳이고, 거기에는 하나님 언약의 두 돌판, 십계명을 간직한 법궤가 있는 곳이다. 그래서 사사 시대까지는 하나님의 법궤가 실로에 있어서 모든 제사는 여기서 드려졌고, 백성들은 이곳을 순례하였다. 그 후 다윗은 예루살렘을 수도로 정하고 이곳에 성소를 세우고 법궤를 모셔 왔으나(삼하 6:12~15, 대상 15:25~28) 정작 온 이스라엘이 단일화된 중앙 성소를 예루살렘에 모신 것은 솔로몬이 예루살렘 모리아 산에다 성전을 건립하면서였다(왕상 8장, 대하 5~7장).

1. 이스라엘의 신(神)은 단 한 분이시다.

이방인의 신사상은 어디에나 신이 있는 다신론적 신관으로 그 많은 신을 모시려면 그 신이 있는 곳마다 신전을 세워야 하지만(12:2), 우리 하나님은 단 한 분, 유일신이기 때문에 하나님이 계시는 곳 예루살렘에만 성전을 세우면 된다. 한 성전에서 한 분 하나님께만 예배드리면 된다.

2. 하나님의 계시로 정해진 곳이다.

이방 종교는 신의 계시가 전무(全無)하다. 다만 그 신을 섬기는 인간 스스로 사색과 탐구에 의해 창출된 자연종교이다. 그러나 하나님의 종교는 전적으로 하나님의 계시에만 의존한다. 계시 종교다. 그래서 하나님께서 친히 지시하신 곳에서 예배해야 하는데, 그곳은 법궤가 있는 곳으로 곧 성소의 중앙이었다. 신약에 와서는 예수님이 계시는 곳이라면 어떤 장소에서도 예배를 드릴 수 있기 때문에 지정된 장소보다는 '신령과 진정으로' 드릴 예배가 되어야 한다(요 4:23~24).

3. 하나님 선민의 단일성이었다.

지금까지 이스라엘은 40년 동안 광야를 방황하던 단일 민족이었다. 그러나 이제 가나안을 정복하면 지파별로 땅을 나누어 정착하게 될 것인데 그렇게 되면 어떤 중심체가 없고, 지파간에 이권이 생겨 민족적 분열을 초래할 수 있다. 이 같은 지파 간 분파 의식을 미연에 방지하고, 하나님의 성전이 모든 지파의 중심이 되면 하나님 신앙 중심과 메시아 구속사의 구원으로 하나가 되기 때문에 한 믿음, 한마음으로 결속시킬 수 있는 것이다. 이렇게 구약 시대는 한 분 하나님, 한 권의 계명과 율법서, 예루살렘의 한 중앙 성소를 두신 것은 한 분의 조상 아브라함의 선민으로 오직 여호와 하나님만 유일신으로 모시는 신앙의 단일체를 꾀하기 위해서다.

신약의 사도들은 그리스도 안에서 하나 된 천국 백성을 만들기 위해서 서신마다 그리스도인을 부를 때, '그리스도 안에서 한 형제 된 너희들' 이라고 한다. 이것은 우주적 교회는 "몸이 하나요 성령도 한 분이시니… 주도 한 분이시요 믿음도 하나요 세례도 하나요 하나님도 한 분이시니 곧 만유의 아버지" (엡 4:4~6)시기 때문이다. 우리는 한 권속(眷屬)이다.

4. 메시아께서 오실 때까지다.

이스라엘 민족의 모든 구원은 예루살렘 중앙에 있는 성소를 통해서다(요 4:22). 유일무이한 중앙 성소는 이스라엘 백성을 죄 사함 시키고 구원시킨다. 이는 이스라엘과 온 천하 만민을 믿음으로 구원시키려고 이스라엘 땅(가나안)에 오시는 메시아 예수님을 예표 하기 때문이다.

바란 광야에서 40년 동안 모시고 있던 모세의 성막이나 480년이 지나고 모리아 산에 세웠던 솔로몬의 중앙 성전(성소)이나 모두 오실 그리스도의 실존을 가리킨다. 그리고 예루살렘의 중앙 성소 · 솔로몬 성전은 이스라엘 백성만 구원시키는 것으로 족했지만, 그것을 자기 몸의 실상으로 이루신(요 2:19~21, 고전 6:19) 그리스도께서는 자기 몸의 성전으로 이스라엘과 천하 만민을 구원시키신다. 40년 광야의 성소나, 솔로몬의 중앙 성전은 예수님께서 구속사를 성취하실 때까지 대신했던 그림자였다.

제 13강 우상 숭배의 경계

본문 : 신명기 13장, 18:20~22

본 장은 이스라엘 백성이 언약의 땅 가나안에 들어갔을 때 직면할 것으로 예상되는 우상 숭배 유혹에 대응하는 방법을 진술한다. 당시 가나안 땅은 600여 년 전에 아브라함이 예언한 대로(창 15:16) 온갖 우상 문화의 집결지였다. 당시 사람들은 그 지역을 주관하는 지역 신이 있다는 개념과 함께, 그들의 신을 섬기면서 동시에 다른 신도 섬길 수 있다는(행 17:22) 다신론적 사상을 가지고 있었고, 이스라엘 역시도 가나안에 들어가면 하나님을 모시면서도 부차적으로 다른 신을 섬길 수 있었다. 이런 신(神)사고의 위험을 감지하신 하나님은 신명기 13장 기록을 오직 우상 숭배의 척결에만 두셨다. 내용은 ①거짓 선지자에 대하여(1~5절) ②우상 숭배하는 친족에 대하여(6~11절) ③우상 섬기는 지역에 대하여(12~18절) 기록하고 있다.

첫째, 거짓 선지자에 대하여(1~5절)

그리스도교는 이적과 표적, 기사가 있는 종교지만 그러나 그것을 좇는 신비주의는 아니다. 그리스도교는 ①말씀(로고스)의 종교 ②성취된 구속사, 구원의 종교이다(요 1:14, 17~18절). 가나안 족속의 종교란 계시가 없는 인간의 사색과 이성의 가공물이기 때문에 사물(邪物)숭배만 한다. 그래서 가나안에 입성한 이스라엘에 ①꿈을 해석해 주고 ②이적과 기사를 나타내며 ③신비주의적 신관으로 유혹할 수 있다(1~2절). 그들은 이스라엘이 자기 하나님을 사랑하는지, 하나님의 계명과 율법을 지키고, 하나님을 경외하며 순종하는가를 시험하기 위해서다. 그러므로 이스라엘 선민을 유혹하는 선지자, 꿈꾸는 자를 죽이라고 하신다. 그렇게 하지 않으면 그들의 미혹에 끌려 자기 하나님을 배반할 수 있기 때문이다(5절).

둘째, 우상 숭배하는 친족에 대하여(6~11절)

1~5절이 외부적 거짓 선지자의 미혹이라면, 6~11절은 내부의 유혹이다. 이는 한 식구가 신앙적으로 원수가 되기도 한다(미 7:5~6, 마 10:34~39). 이럴 때는 혈육 관계로 생각하거나 다루면 안 된다. 그리스도 안에서 예수님의 말씀을 따라 영적 관계, 즉 신앙적인 관계로만 취급해야 한다. 자신의 깊은 신앙 안에서 오히려 미혹 당한 내 부모, 형제, 친척의 영혼을 불쌍히 여겨서 우상과 거짓 선지자와 이단에서 구원시켜야 한다.

예수님께서 이미 거짓 선지자들의 정체를 말씀하셨고(마 7:15~23), 그들을 취급하는 교회의 책임에 대해서도 정의를 내리셨다(마 18:15~17). 모세 오경 중에서 우상 숭배에 가장 많은 중점을 둔 성경이 신명기이다. 다른 성경(창세기, 출애굽기, 레위기, 민수기)은 가나안 입성 전 광야 시대의 성경이라면, 신명기는 언약의 땅 가나안에 진입할 때가 다가왔기 때문이다. 모세의 때가 끝났고, 여호수아는 바로 그 땅에 들어가야 한다. 여호수아가 가나안에 입성하자마자 가장 먼저 할 일은 ①모든 우상을 철폐하고 ②우상 섬기는 족속을 진멸하는 것이었다(7:1~5, 9:1~4, 12:1~3).

그러므로 본 장에서 이스라엘이 가나안의 우상 숭배자들에게 미혹을 당했다면 그 땅에 들어가서 몇 년간 살았다는 증거다. 이것은 하나님의 명령대로 그 땅의 우상을 철폐하지 않고, 또 죽이지도 아니했으므로 오히려 그들에게 미혹 당해 이스라엘 백성의 가정에 우상이 침투했고, 거짓 선지자의 이교 신앙에 빠졌다. 이제라도 우상 숭배자가 내 집안 식구라도 아끼지 말고 죽이라는 것이다. 그러지 않으면 몇 년 지나지 않아서 이 가정, 저 가정에서 우상 숭배자가 염병처럼 퍼져서 이스라엘도 가나안 땅 일곱 족속처럼 음행이 가득한 우상 국가가 되고 말 것이다(레 18, 20장).

셋째, 우상 섬기는 지역에 대해서(12~18절)

하나님의 명하신 대로 가나안의 모든 우상을 철폐하지 않고, 일곱 족속을 멸절시키지 않아서 거짓 선지자의 유혹을 받은 이스라엘은 가나안의 우상을 섬기게 될 것이고, 심지어 이스라엘 선민의 가정에서 가나안의 바알 신, 인신 제물을 받는 몰렉 신을 섬기는 형제와 친척들이 생겨나서 이스라엘을 미혹한다는 것이다. 인간 음행의 음풍(淫風)과 우상 숭배는 전염병처럼 삽시간에 사회 전체를 타락시키게 된다. 12~18절은 성읍 전체가 우상 숭배 문화에 물들어 귀신의 소굴이 되었다고 한다.

'어떤 불량배(אֲנָשִׁים בְּנֵי־בְלִיַּעַל · 아나쉼 베네이 벨리아얄)' 란 '벨

리알의 아들들' 이라는 말로(삿 19:22) '벨리알(בְּלִיַּעַל = בְּלִי 없이, 없는 + יַעַל 얻다, 이익을 얻다, 득을 보다, 유용하다, 가치가 있다.)' 은 '무가치 한 자' 란 뜻이고, '악한 자' (15:9), '불경건한 자' (시 18:4)로 번역되고, 신약에는 '사탄' 의 대명사로 나타난다(고후 6:15).

어찌 이스라엘이 가나안 땅에 들어 온 지 몇 해 되지도 않아서 음풍이 성하고, 우상 숭배가 성읍마다 가득 차게 된 것인가. 만약 이스라엘 백성이 거주하는 성읍에 실제로 그런 일이 있다면 자세히 살펴본 후, 확실한 사실로 드러나면 ①그 성읍 주민을 칼로 죽이고 ②주민의 모든 생활용품은 불사르고 ③성읍은 영구히 폐허가 되도록 하고 ④성읍 주민들이 쓰던 진멸할 물건에는 일절 손대지 말라고 하셨다(15~18절). 어느 나라 · 백성이든지 음행 문화와 우상 숭배에 빠지면 하나님께서는 가차 없이 처단시킨다고 하셨다.

◈ 거짓 선지자를 청종하지 말라 ◈

예수님께서 마지막 때 나타날 여러 징조를 말씀하시면서 특히 "거짓 선지자가 많이 일어나 많은 사람을 미혹" (마 24:11)하겠다고 하셨다. 많은 거짓 선지자 중에는 "나는 그리스도라" (마 24:5)고 하는 자도 있다는 것이다. 거짓 선지자는 구약시대에도 많이 일어나 이스라엘을 망하게 하였고(렘 14:13~18, 23:16~22, 25~40, 겔 13:1~23 등), 신약 사도 시대에도 많은 거짓 선지자가 도처에서 생겨 사도 요한이 이들을 가려내기 위해 요한 서신을 기록한 것이다(요일 4:1~3, 요이 1:7~10). 거짓 선지자의 역사는 구약시대 초기부터 세상 종말까지 항상 있을 것이다. 이는 아담이 금단(禁斷)의 열매를 먹을 때부터 존재했다(창 3:1~7).

신명기 13장에서 모세는 아직 이스라엘 백성이 가나안 땅에 들어가지도 않았는데 가나안에 들어가면 그곳 신에게(바알과 아세라) 미혹 당할 거짓 선지자가 생길 것을 예언했다. 마지막 때 참으로 두려운 것은 ①음행 문화 ②미신 · 우상 숭배 ③거짓 선지자 · 이단의 발흥이다. 이단과 거짓 선지자의 정체는 무엇인가? 그들은 어떻게 우리에게 다가오는가?

1. 거짓 선지자는 이적과 기사로 다가온다.

거짓 선지자는 하나님의 말씀이 없다. 특히 성경의 구속사는 전혀 모른다. 그러나 그들에겐 사람을 꾀는 말재주가 능란하다. 사기꾼의 아비들이다. 거기에 마귀 · 사탄(큰 붉은 용 · 옛 뱀, 창 3:1~5, 계 12:3, 9절)이 그들 속에 들어가면 여지없이 거짓 선지자가 되어 버린다. 그들은 하나님의 말씀이나 그리스도 복음의 구속사는 알지 못하지만, 사탄이 짐승(거짓 선지자 · 이단)에게 준 이적과 기사가 있다(계 13:4). 그것으로 거짓 선지자가 된다.

교회는 다니지만 ①구원의 확신이 없는 자 ②예수님보다 돈을 더 사랑하는 자 ③세상 정욕에 빠진 자 ④하나님의 말씀 · 구속사 진리 복음을 모르는 교인들을 미혹하여 마귀 · 사탄을 따르게 한다. 거짓 선지자의 용력(勇力)이 얼마나 강한지 그가 하늘을 향해 외치면 불이 땅에 떨어지는 이적을 나타내서(계 13:13) 땅에 있는 많은 사람을 미혹한다(계 13:14~15). 예수 그리스도의 구속사 진리 복음, 하나님의 말씀이 없는 자는 거짓 선지자가 보여 주는 이적과 기사에 끌려 미혹 당하게 된다(13:1~3).

2. 거짓 선지자는 자기 마음대로 성경을 해석한다.

구약성경에서 하나님께서는 하나님의 선지자와 거짓 선지자를 분별했는데 하나님의 계시를 받아 그대로 전한 선지자는 참 선지자였고(렘 20:7~9, 겔 2:1~7), 하나님의 계시가 임하지도 않았는데 자기 생각대로 전하면 거짓 선지자로 그를 저주하겠다고 하셨다(렘

23:16~17, 21~22, 32~40절). 신약시대에도 참 사도는 성령의 계시 영감이 임했지만(딤후 3:15~16, 벧전 1:9~12, 벧후 1:19~21), 거짓 선지자는 다만 자기 생각대로 전했다. 그들에 의해 기록된 문서는 외경(가경)이 되었고, 설교는 거짓 증언이 되었다(고전 14:6~7). 사도 바울이 전한 계시의 말씀을 하나님의 바른 예언으로 인정했던 베드로 역시 성령 계시의 예언 성경을 기록했고, 오직 예수 그리스도의 구속사 진리 복음만 증언했다(벧후 3:15~16).

이 시대 많은 설교자가 성경을 읽고 그 성경을 본문으로 삼지만, 그 본문에 대한 설교보다는 자기 마음에 있는 것만 외친다. 설교의 원래 진리인 구속사는 모르더라도 본문에 있는 것만이라도 전해야 하는데 그렇지 못하다. 참 선지자는 자기 생각, 자기 마음에 떠오르는 설교가 아니라 오직 성령 계시의 영감 된 구속사 진리 복음만 전한다. 거짓 선지자는 성경만 본문으로 정할 뿐, 설교는 자기가 하고 싶은 말만 한다. 그것은 청중들이 듣기 좋아하는 기복주의 강연일 뿐이다.

3. 성령의 열매가 없다.

예수님이 증명하신 참 선지자는 가르치는 복음의 증언도 구속사지만 생활의 삶도 성령의 열매(갈 5:22~23)로 가득해야 한다고 하셨다(마 7:15~23, 23:1~7). 신명기 13장의 선지자나 꿈꾸는 자를 왜 죽이라고 하셨는가? 그들은 가르치는 것도 거짓 증언이지만 전혀 열매가 없는 자들로 오히려 백성을 미혹했고, ①하나님을 배신하여 가나안의 우상을 섬기게 했고(2, 5, 7, 10절) ②백성을 종교적으로 분열시켜 이스라엘을 망하도록 했기 때문이다(6~15절).

그동안 한국교회에 드러난 거짓 선지자 · 이단은 성경의 구원적인 믿음을 기복주의로 신념화 내지는 긍정적 생활만 강조했다. 이것은 비단 그리스도교가 아니라도 다른 종교도 할 수 있는 생활 철학일 뿐이다. 그러나 성경의 구원적인 구속사 진리 복음은 오직 그리스도교밖에 없다. 따라서 우리는 이 세상에 구속사 진리 복음만 전해야 한다. 그래야 세상을 구원한다.

참 선지자, 구속사 진리의 설교자는 믿음과 실천적 삶이 따로 없다. 로마서 · 갈라디아서와 야고보서가 한 성경인 것처럼 구원받는 믿음과 생활이 이원화될 수 없다. 생활 속에서 믿음이 인정돼야 하고(약 2:20~26), 그 믿음은 반드시 생활이 되어야 한다(롬 13:9~10).

제 14강 부정한 식물의 경계

본문 : 신명기 14장, 레위기 11:1~47

모세의 두 번째 설교에서 율법의 내용은 둘로 나눌 수 있는데 ①하나님에 대한 종교적 규례와(12~16장) ②사람에 대한 사회적 규례이다(17~26장). 종교적 규례는 ①성소에 대한 규례(12장) ②우상 숭배에 대한 경계(13장) ③부정한 식물의 경계(14장) ④안식년에 대한 규례(15장) ⑤3대 절기에 대한 규례(16장) 이다.

이 세상에 우상 신전이 셀 수 없이 많아도, 가장 거룩하고 신성하고 영광스러운 신전은 여호와 하나님을 모신 예루살렘 성전뿐이다(출 40:34~38, 대하 5:13~14, 7:1~3). 그러므로 하나님을 모신 사람은 하나님처럼 신령하고 거룩해야 하며(출 22:31, 레 11:44, 벧전 1:16), 음식 한 조각도 부정한 것을 먹어선 안 된다(고전 10:7). 본 장의 내용은 ①이방인의 자해 금지(1~2절) ②부정한 식물 금지(3~21절) ③십일조의 규례(22~29절) 등이다.

첫째, 이방인의 자해 금지(1~2절)

당시 이방인·이교도는 죽은 자를 위해 자기 몸을 자해(自害)하는 행위가 있었다. 죽은 자를 위해 애절한 정을 쏟아부음으로 그를 데려가는 저승사자에게 이 죽은 자가 얼마나 좋은 자였던 가를 보여줌으로 죽어서 좋은 곳으로 들어가게 해 준다는 것이다. 그러나 이 같은 행위는 ①하나님께 받은 소중한 몸을 함부로 다루는 것이고 ② 자학(自虐)과 고행(苦行)으로 영혼의 안식처를 구하는 지극히 미신 행위일 뿐이다. 하나님의 백성은 그런 사술(邪術) 행위를 할 수 없다. 왜냐하면 성도의 몸은 자기 것이 아니라 예수님이 피로 값 주고 산 것이 되어서(고전 6:20), 이제는 성령님이 우리 안에 계시는 성령의 전이 되었기 때문이다(고전 6:19). 그러므로 먹든지 마시든지 무엇을 하든지 하나님의 영광과 그리스도의 존귀를 위해 살아야 한다(고전 10:31, 빌 1:20~21).

성도는 일부러 대머리로 만들 수 없고(레 21:5), 남녀가 옷을 바꿔 입을 수 없으며(22:5), 자기 몸에 문신을 해서도 안 된다(레 19:28). 그만큼 거룩한 생활이 되어야 한다. 이미 죽은 자는 자기 행위를 따라 갈 곳으로 갔기 때문에 산자는 그리스도를 믿음으로 구속사 진리 복음을 따라 구원을 얻도록 인도해 주어야 한다. 이것이 그리스도교의 장례이며, 교회와 성도의 사명이다.

둘째, 부정한 식물 금지(3~21절)

하나님이 주신 소중한 몸을 유지하는데 필요한 기본적인 식생활에 있어서 이방인들과 다르게 정결한 삶을 살도록 규정하셨다(레 11장). ①땅 위의 짐승과 가축의 정결과 부정의 규례(3~8절) ②물고기에 대한 규례(9~10절) ③새들과 각종 곤충에 대한 규례(11~20절) ④죽은 모든 것은 먹지 말라는 규례이다(21절). 왜 선민에게 정결한 것과 부정한 것을 구별하여 먹지 말라고 금지하셨는가? 모든 것을 정확하게 인지(認知)하시는 하나님만 아시는 것이니 우리 인간은 그 내용을 속속히 알 수 없고, 다만 유추적(類推的) 해석만 할 뿐이다.

(1) 위생에 해로운 것

금지한 생물은 생물학적 견지에서 고단위 단백질이어서 위생에 해롭기 때문이다.

(2) 성격이 포악한 것

금지된 식물은 대개 성격이 포악한 것들이다(특히 맹금류, 12~19절). 다혈질 성격은 성도에게 합당하지 않다.

(3) 우상의 형상

독수리는 로마 신의 형상이었고, 까마귀는 헬라 세계의 어둠의 신이었고, 올빼미와 부엉이는 바벨론 신의 사자(使者)였고, 돼지는 미신 세계의 제물이었다.

(4) 구속사의 의미

영적인 면에서 ①새김질하는 가축은 말씀을 심사숙고하는 은혜를(행 17:10~12) ②발굽이 갈라진 것은 세속에서 구별된 성도의 생활을(고후 6:14~18) ③지느러미가 있는 물고기는 세상과 타협하지 않는 절개 있는 신앙을 가리킨다. 정결하고 부정한 것을 구별해 주신 분도 하나님이시고 이것을 먹지 말라, 하신 분도 하나님이시다.

가증스러운 짐승같이 혐오의 대상이었던 이방인도 예수님을 믿고, 그리스도 안에서 속죄받은 새 생명이 되어서 이제는 거룩한 생명이 된 것이다(행 10:9~11:18, 15:1~29). 하나님께서 정결한 생명으로 인정해 주셨으니 이제는 정결과 부정이 따로 있는 것이 아니라 우상의 더러운 것과 음행과 목매어 죽인 것과 피만 먹지 않으면(행 15:20, 29절), 예수 그리스도 구속사 안에서 속죄된 거룩한 성도가 된 것이다.

셋째, 십일조의 규례(22~29절)

하나님은 앞서 농작물과 가축의 십일조 규례를 말씀하셨고(레 27:30~33, 민 18:21~32), 본문의 십일조는 ①하나님 성전의 제사장과 레위인의 생활비를 대거나 ②이스라엘 백성이 반드시 행해야 하는 종교적 의무(레 27:30)로 사회 구제를 위한 또 다른 십일조다. 이스라엘 백성이 안식년을 기준으로 제3년과 6년에 드리는 십일조는 예루살렘 성전에 드리는 대신 지방 성읍에 저축했다가 가난한 자, 과부, 고아, 나그네에게 주라는 하나님의 지시다. 이를 가리켜 '제2의 십일조' '축제의 십일조' 라고 한다. 십일조를 상고(詳考)하면 ①우주 만물의 주인은 하나님이시며(학 2:8) ②모든 것을 주신 하나님의 은혜를 감사하고(시 136:25~26) ③이웃 사랑을 나타내야 한다(요일 4:20).

십일조 정신을 가장 잘 실천한 것은 사도 시대 예루살렘교회였다(행 2:42~47, 4:32~37). 아메리카로 이주했던 청교도는 80년 동안 이를 실천했다. 그뿐만 아니라, 신명기 사상은 맥추절(오순절, 칠칠절)과 추수감사절(장막절, 초막절)에 나온 모든 곡식과 열매를 성전으로 가져가지 않고 가난한 자, 고아, 과부, 나그네들에게 나눠 주며 하나님께 감사하고 찬양했다(16:9~12, 26:1~11)

◈ 성도의 귀한 죽음 ◈

성도든지 하나님을 믿지 않는 사람이든지를 막론하고 자기 가족이나 일가친척, 친구들이 죽었을 때 슬퍼하는 것은 인간의 당연한 감정이다. 그러나 성경에는 성도들이 죽은 자에 대해 지나치게 슬퍼하거나 자기 몸을 자해(自害)하는 것을 금하고 있다. 합당치 않은 일이다. 성도의 죽음은 세상 사람들과 달리 그 죽음조차 존재적 가치가 크기 때문이다. 성도의 죽음은 어떤 가치가 있는가?

1. 몸은 성령이 거하시던 성전이다.

하나님을 떠난 불신자의 몸은 죄악의 본산지이지만 하나님이 계시고, 성령이 거하시던 성도의 몸은 영혼뿐만 아니라 그 육체까지도 그리스도를 섬기며 성령의 전을 위해 수고하고 봉사하던 몸이다. 그래서 그 육체는 본거지인 흙으로 돌아가고(창 3:19), 그 영혼은 하나님이 부르시는 본향으로 돌아가는데(히 11:13~16) 어찌 그 몸이 귀하지 않겠는가. 그래서 하나님께서는 성도의 죽음이 귀하다고 하신 것이다(시 116:15).

이교에서는 헬라의 인본주의 철학 사상에 따라 인간의 몸을 이원화시켜 육체는 사악(邪惡)하고, 영혼만 소중하다고 육체를 학대하고 천대하는데 이것은 매우 그릇된 사상이다. 어찌 육체도 없이 영혼만 있다고 온전한 인간이겠는가. 인간의 몸이란 영과 육이 하나가 되어서 한 몸을 이룬다(창 2:7). 성령께서는 우리 영혼에만 계시지 않고 육신에도 계시기 때문에 육신과 영혼이 함께 우리 몸 안에서 성전을 이루고 계신다. 그래서 성도의 몸이란, 성령님이 계시는 성전이다(고전 3:16, 6:19, 엡 1:13).

2. 내세로 옮겨가는 것이다.

인간의 사망을 모든 것의 끝으로 생각하는 불신자와 달리 성도에게 죽음이란, 이 세상의 수고로운 모든 삶을 끝내고, 하나님 나라의 복된 내세로 옮겨 그리스도와 함께 새로운 삶을 시작하는 것이다(빌 1:19~23, 살전 4:13~18). 세상 사람들은 그가 죽으면 그와 관계된 모든 것과의 종결, 즉 부모 형제, 일가친척, 아내, 자식, 친구와의 영영한 이별이다. 그래서 죽는 자는 세상에 남은 미련 때문에 눈을 감지 못하고, 사랑하는 가족을 떠나보내야 하는 유가족은 극도의 슬픔과 좌절에 빠져 자기도 같이 세상을 포기하기도 한다. 그러나 그리스도 안에 있는 성도에게 죽음이란, 잠깐의 석별이며, 오히려 더 좋은 주님 계신 나라로 옮겨가는 것이기 때문에 잠시 헤어지는 고통은 있을지라도 다시 만날 기약이 있기 때문에 불신자들처럼 절망적인 슬픔은 갖지 않는다(창 23:1~4).

3. 예수님을 만나게 된다.

세상 사람의 죽음은 다시는 사랑하는 자와 만날 수 없고, 두 번 다시 구원받을 기회도 없지만, 그리스도 안에서 구원받은 성도는 죽음에 이르는 것이 더 큰 영광이다. ①죽으면 천사들 손에 받들려 낙원에 들어가 내 주님을 만나는 것이고(눅 16:22) ②주 예수님 재림 때 무덤에서 부활하여 공중에서 주님을 만나는 것이고(요 5:25, 28, 살전 4:16~18) ③예수님 믿고 구원받은 우리 가족들은 결국 천국에 들어와 모두 살 것이기 때문이다(히 11:13~16, 40절). 그러므로 세상 사람들의 사망이란, 육체도 망하고 영혼도 지옥 가는 것이지만 성도의 죽음은 육체는 신령해지고(고전 15:42~44), 영혼은 무궁한 복락(福樂)의 나라에 이르는 것이다.

제 15강 안식년 면제의 규례

본문 : 신명기 15장, 레위기 25:1~7

이스라엘의 일곱 수(7)는 신령한 수이다. 제7일은 안식일, 제7년은 안식년, 제49년 끝의 50년은 희년이다(레 25:1~28). 본 장은 7년마다 맞는 안식년의 규례로 빚을 탕감해 주고(1~11절), 종을 풀어주었다(12~18절). 초 태생 규례가 첨가되어 있다(19~23절). 이 같은 규례는 아브라함의 자손으로 선민의 공동체인 이스라엘은 가난하고 병들고 소외된 자가 없어야 한다는 모세 율법의 강령이다(레 19:18, 마 22:37~40).

첫째, 안식년 채무 면제 규례(1~11절)

하나님의 인자하심과 자비하심으로 이스라엘 백성의 채무자를 보호하기 위한 모세의 율법으로 안식년에 빚진 자들을 면제해 주는 법이다.

'매 칠 년 끝에는 면제하라' 는 것은 안식년 내내 그 빚을 탕감해 주라는 말씀이다. 그렇게 하려면 먼저 채권자가 채무자에게 안식년이 오기 전에 빚 독촉을 하지 말고(2절), 안식년이 가까이 왔다고 가난한 자에게 빚을 내 주지 않으면 안 된다. 궁핍한 자가 먹고살 것이 없어 고난에 처하면 안 되기 때문이다(7~10절). '가난한 자에게 빚을 주라' 는 말씀이 4번이나 나온다. '그에게 필요한 대로 쓸 것을 넉넉히 꾸어주라' (8절) '일곱째 해 면제년이 가까이 왔다 하고 너는 마음에 악한 생각을 품지 말라' (9절) '너는 반드시 그에게 줄 것이요 줄 때는 아끼는 마음을 품지 말 것이니라' (10절) '너는 반드시 네 땅 안에 네 형제 중 곤란한 자와 궁핍한 자에게 네 손을 펼지니라' (11절).

하나님의 말씀대로 이스라엘 백성들이 이행하려면 ①하나님의 자비하심과 긍휼함이 있고(7절) ②자기 것이 아니라 하나님의 것이요, 자기는 다만 하나님의 재물을 맡은 청지기임을 알고(5, 6, 10절) ③하나님께서 맡겨 주신 것은 가난한 자를 돕기 위한 것으로 알고(11절) 지킬뿐더러, 더 많은 것 주실 것을 믿을 때(4~6절) 가능한 것이다.

그러나 아모스 선지자 시대, 이스라엘에 하나님의 자비와 긍휼은 다 사라지고 사악함으로 가난한 자의 것을 착취하고(암 2:6~8), 학대할 때(암 5:10~13) 하나님은 그들의 제사를 받지 않겠다 하시며(암 5:21~24) 그들의 멸망을 선포하신 것이다(암 8:1~3).

예수님도 가난한 자를 모르는 부자를 질책하셨고(눅 12:15~21), 지옥 간 한 부자를 말씀하셨고(눅 16:19~26), 세리장이요 부자였던 삭개오가 회개하고 자기 소유를 가난한 자들과 나눌 때, "오늘 구원이 이 집에 이르렀으니 이 사람도 아브라함의 자손임이로다" (눅 19:1~10) 하시며 구원을 주신 것이다.

둘째, 히브리 종의 해방 규례(12~18절)

예수님의 구속사가 완성되기까지 모든 계명의 규례와 율법의 법도는 선민 이스라엘에 속한 것이었다. 왜냐하면 구원이 유대인에게서 먼저 나오기 때문이다(마 15:24, 요 4:22). 안식년의 채무 면제 규례도 이스라엘 백성에게만 해당하고(3절), 노예 또한 이스라엘 백성에 속해 있는 종이다(12절). 이방인의 채무나 노예에 대해서는 전혀 안식년 면제 규례가 해당하지 않는다. 그리스도의 구속사도 이와 같다. 예수님의 구속사에 속한 성도가 아니면 지옥의 부채가 탕감되지 않는다(아담의 원죄는 오직 그리스도의 구속사에 들어 온 자만 사해진다). 또한 사탄의 노예, 죄를 범한 종도 예수님의 구속사 안에 있어야 해방되는 것이며 그 안에 속하지 못하면 여전히 죄의 종, 큰 붉은 용(계 12:3, 9절)의 노예일 뿐이다(롬 6:16).

유대인의 안식년이 되면 이스라엘에 속한 종들은 해방되는데 ① 주인이 종들을 풀어 줄 때, 그 종이 나가서 자립 할 수 있도록 금전적으로 도와줘야 한다(15:12~14, 18절) ②종이 만일 주인을 떠나지 않겠다 하면 "송곳을 가져다가 그의 귀를 문에 대고 뚫으라 그리하면 그가 영구히 네 종이 되리라" (16~17절)고 하셨다(출 21:2~6).

이방 세계의 노예란, 인격적인 존재가 아닌 도구로 사용하는 물건이거나 가축과 다름없었다. 그러나 하나님 세계의 종은 자유인이요, 율법의 권리가 있고, 다 같은 아브라함 자손이고 하나님께 제사할 수 있는 종교인이다. 하나님은 이스라엘의 종에 대해 말씀을 하실 때마다 "너는 애굽 땅에서 종 되었던 때를 기억하라" (5:15, 15:15, 16:12, 24:18, 22절)고 하셨다. 너희 종도 인격적으로 대하라는 것이다.

셋째, 초 태생(初胎生)의 규례(19~23절)

소와 양의 처음 난 수컷은 하나님께 흠 없는 것으로 드려야 한다(출 13:11~16, 22:29~30, 34:19~20, 레 27:26~27, 민 18:15~18). 양의 초 태생이 여호와의 것이라는 배경은 출애굽의 유월절이 기원이다. 애굽의 장자와 가축의 첫 것은 다 죽었는데, 이스라엘의 맏아들과 짐승의 처음 난 것은 언약의 피로 구원되었으니(출 11:4~7, 12:29~30), 예수님의 구속사는 사망에 이를 피조물이 없고 모두 구원된다는 것을 가리킨다(고전 6:20).

구속사 설교

◈ 그리스도인 채권자 ◈

고대 세계의 채권자와 채무자에 관한 사회적 규례는 통념적인 윤리·도덕적 차원에서 생겨났을 뿐, 이스라엘처럼 법으로 규정된 사회 제도의 율법은 아니었다. 이스라엘의 안식일 제도가 철저한 율법인 것처럼 매년 7년마다 돌아오는 안식년 제도나 7년의 일곱 번 그 이듬해에 돌아오는 희년도 선민 이스라엘은 반드시 지켜야 하는 모세 율법의 법규였다. 그러나 아무리 하나님이 정해 주시고 지키라고 규정된 율법이고, 은혜의 자비 법이라 해도 지키려는 자가 달게 받지 않으면 사회적인 혼란만 가져올 수 있다. 그리스도인 채권자는 어떤 마음을 가져야 하는가?

1. 하나님의 자비와 긍휼이 있어야 한다.

이 세상에 자기 것이 아깝지 않은 사람은 없다. 아무리 그런 자라도 하나님의 자비와 긍휼만 있으면 얼마든지 아까운 재물도 가난한 자에게 내줄 수 있다. 삭개오는 남의 재산을 갈취하던 악한 관리였다. 그런 자라도 예수님의 자비와 긍휼의 은혜가 임하자 채무자들의 빚을 다 청산해주고, 속여 빼앗은 것은 4배나 갚겠다고 했다(눅 19:8~9). 궁핍하고 가난한 자를 도왔던 바나바의 선행은 인간의 마음에서 나온 게 아닌 우리 주 예수님의 '아가페 정신' 에서 나온 것이다(행 4:36~37).

2. 한 민족, 한 형제임을 자각(自覺)해야 한다.

하나님께서 안식년에 이웃의 빚을 탕감해 주고(15:1~2), 종을 놓아주는 것은 '네 형제' 이기 때문이라고 여러 번 말씀하셨다(15:2~3, 7, 9, 11절). 세상 사람도 형제간에는 돈놀이(이자)를 하지 않는다. 빌려주거나 그냥 줘도 이자를 받는 채권자는 되지 않는다. 하나님께서도 이방인에게는 빚을 독촉해도(15:3) 네 형제 이스라엘에는 그렇게 하지 말라는 것이다. 이스라엘은 아브라함과 이삭과 야곱을 한 조상으로 모신 한 형제이며, 여호와 하나님을 아버지로, 예수님을 주와 메시아로 믿는 한민족이다. 설령 안식년 법이 없다고 해도 형제간에 사랑만 있다면 그냥 주었을 것이다.

초대 예루살렘 교회는 내 것, 네 것이 없었다. 서로 돕는 관계는 바로 '우리는 한 형제' 라는 혈육적, 신앙적 관계에서 오는 것이다. 베드로나 바울의 성도에 대한 호칭은 '나의 형제들아' '나의 사랑하는 형제들' 이었다(빌 1:12, 2:12, 3:1, 17, 4:1, 8, 벧전 2:11, 4:12, 벧후 1:10, 3:1). 성도는 예수 그리스도 안에서 구속사 신앙으로 안식년뿐 아니라 언제라도 한 형제 · 자매 된 가난한 자들을 도울 수 있어야 한다.

3. 하나님의 청지기일 뿐이다.

문제는 자기 소유의 많고 적음보다 창조주 하나님의 주권 신앙이 있느냐, 없느냐이다. 창조주 하나님의 주권이 없으면 가난한 자는 '내 재산은 없다' 며 비굴해지고, 부자는 '다 내 것이다' 며 탐욕을 지배한다. 성경에서는 단 한 번도 인간의 본래 소유권을 주장하신 곳이 없다. 세상의 삼라만상(森羅萬象)을 하나님이 창조하심으로 인간에게 맡겨 주셨으니(창 1:26, 28, 2:15) 원주인은 하나님이시고, 인간은 다만 하나님이 맡겨 주신 것을 관리하는 청지기일 뿐이다(창 1:27~29, 시 104편, 눅 12:42~44, 16:1~3). 그리스도인에게 청지기 정신만 있어도 이 세상에 빈궁하고 궁핍한 자가 상당히 줄어들 것이다.

4. 가난한 자를 돕는 것은 믿는자의 책임이다.

하나님은 이 세상에 부자도 가난한 자도 있게 하셨다. 가난한 자를 두심은 ①물질의 소유보다 다른 것으로 부유하게 하시고 ②게으르고 나태하면 가난을 면치 못한다는 교훈을 주시고(잠 6:6~11, 24:33~34) ③교만하지 못하도록 자신을 낮추시려는 것이다(잠 27:1~2). 또한 부자를 두신 것은 ①누구든지 근면하고 성실하면 하나님이 부요하게 하시고(잠 31:15~31) ②자기의 부요를 가난한 자에게 나눠주게 하시고(15:7~8, 레 25:35~37, 39~40절) ③부자의 선행으로 더 많은 재물을 채워 주시려는 의도도 있다(15:1~11).

그리스도 안에서 부유하게 된 성도는 가난하고 궁핍한 이웃보다 재물을 가진 책임이 더 크다는 것을 알고 겸손히 맡은 자의 사명을 다해야 한다. 주 예수 그리스도의 교회가 자기 재산을 세습의 통로로 사용하는 시대에 예수님께서 부자에게 하신 경고의 말씀을 성도와 목회자는 자기의 경계와 교훈으로 삼아야 한다(마 19:23~24, 막 10:23~25). 그리스도인 부자는 삭개오의 교훈을 배워야 하고(눅 19:1~10), 자기 권세와 제물을 예수 그리스도를 위해 구속사의 도구로 쓰였던 아리마대 사람 요셉을 본받고, 믿음의 행함으로 삼아야 한다(마 27:57~61, 막 15:42~47, 요 19:38~42).

제 16강 이스라엘의 3대 절기

본문 : 신명기 16장, 출애굽기 12:1~28, 레위기 23:4~14, 민수기 28:16~31

신명기 12~16장은 종교적 규례로 대부분 하나님께 드리는 예배에 관한 규례로, 본 장에는 이스라엘의 3대 절기에 드리는 하나님의 제사가 나와 있다. 내용은 ①유월절(1~8절) ②칠칠절(9~12절) ③초막절(13~17절) 규례이고, 거기에다 ④재판장과 지도자들(18~20절) ⑤주상 금지가 첨가되었다(21~22절).

유대 민족의 3대 절기 중에서 현재 그리스도교에서 지키는 절기는 맥추감사절(오순절, 칠칠절)과 추수감사절(초막절, 장막절)이다. 유월절은 430년 만에 애굽에서 해방되어 나온 것을 기억하고 기념하는 절기로, 영적 의미는 ①3대 족장에게 언약 계시로 주신 가나안 땅을 찾아 가는 ②그 언약의 땅에 천하 만민을 구원하러 오시는 메시아의 구속사 성취다.

이스라엘의 3대 절기 속에 담긴 의미는 우리 그리스도인이 반드시 지키고 행할 실천적 교훈이 있다.

첫째, 유월절의 규례(1~8절)

유월절은 이스라엘의 3대 절기 중에서 가장 큰 절기다. '아빕월(חֹדֶשׁ הָאָבִיב · 호데쉬 하아비브, 1절)' 은 가나안식 이름이고, '니산월' 은 바벨론식 이름으로 포로 후에도 그렇게 불렸다(느 2:1, 에

3:7). 종교력(성력)은 1월이고(1월 14일), 민간력은 7월, 현재력은 3, 4월이다. 이스라엘은 이날 애굽에서 해방되었으므로 민족의 새 기원으로 정했고, 첫해, 첫날로 정했다(출 12:1~2).

이스라엘의 생성(生成)은 아브라함이고(창 12:1~3), 이스라엘 백성은 야곱의 열두 아들, 즉 열두 지파에서 시작했고(창 35:22~26), 이스라엘 민족의 체제(體制)는 유월절부터 출발했다. 왜 유월절인가? 출애굽 한 이날부터 언약의 땅 가나안으로 갔기 때문이다. 이스라엘이 국가가 되어서 가나안으로 가는 것은 그 언약의 땅에 그리스도께서 이스라엘과 천하 만민을 구원하시는 구속사로 성탄 하시기 때문이다. 그러므로 유대 민족의 국가적 기원은 그리스도로 말미암는 구속사에 있는 것이다.

본 장을 비롯한 구약 성경 여러 곳에서 유월절과 무교절이 섞여 쓰이고 있다(출 12:3~20, 레 23:5~8). 그 이유는 유월절 의식이 곧 무교절로 이어질 뿐 아니라, 유월절 음식 자체가 무교절에 먹는 무교병이기 때문이다. 유월절은 애굽의 장자와 가축의 처음 난 것이 죽는 날이고, 어린양의 피를 문설주와 인방에 바른 이스라엘 백성의 집은 죽음의 사자가 지나감으로 살았다(출 12:27~30). 한편 유월절은 유대의 종교력으로 1월 14일 하루뿐이고, 다음날부터는 누룩이 들어가지 않은 음식(무교병)을 먹는다. 그래서 이 한주간을 무교절(無酵節)이라 한다(출 12:15~20).

둘째, 칠칠절의 규례(9~12절)

칠칠절에 관한 명칭은 3가지다. 추수가 시작되는 유월절부터 일곱 주간이 지난 후의 절기로 '칠칠절' 이라 했고, 그다음 주간의 시작이 50일이므로 '오순절(五旬節 · Pentecost)' 이라 한다. 또한 이때 일 년 중 첫 곡식이 나온다고 하여 '초실절' (출 34:22)이라 했고, 이 첫 열매를 하나님께 드린다 해서 '맥추감사절' (출 23:16)이라 했다.

신약교회에서는 이날에 요엘 선지자의 예언대로 성령 강림이 있었기 때문에(욜 2:28~32) '오순절 성령 강림절' 이라고 한다(행 2:1~4). 한국교회에서 성령 강림이 문제가 되는 것은 사도행전 2:1~4에 기록된 '오순절 성령 강림' 만 중점적으로 해석 · 설교하기 때문에 자칫 성령 은사로만 치우칠 수 있다. 오순절 교단의 경우가 그렇다. 그러나 그것보다 예수님께서 말씀하시고 가르치신(다락방 강화, 요 14~16장) 성령 강림의 목적에 더 중점을 둬야 한다. 성령 강림의 목적은 ①예수님을 증거하고(요 14:26, 15:26, 16:13~15) ②예수님을 믿게 하고(요 16:9, 13~15절) ③그래서 구원된 자들로 예수님을 전하게 하려는 것이다(요 14:16~20, 행 1:8).

셋째, 초막절의 규례(13~17절)

칠칠절이 봄에 곡식을 거두는 때여서 '초실절' 이라 한다면, '초막절' 은 가을에 타작마당과 포도주 틀의 소출을 거두고, 모든 추수를 마치는 절기로 '수장절' (출 23:16, 34:22)이라고 한다. 유대력은 7월 15~22일, 민간력은 1월, 현재는 9월이나 10월 정도이다. 이때 가을 곡식을 거두어 먼저 하나님께 감사 예물을 드렸으니 '추수감사절' 이라고 한다. 때로 이 절기를 '장막절' 이라고 하는데 이스라엘 자손은 조상들의 40년 광야 생활을 상기(想起)하면서 광야로 나가 장막(초막)을 치고 한 주간동안 생활했다.

이렇게 유월절은 예수 그리스도로 말미암아 온 민족이 구원받는 건국 기념의 구속사를 가리키고, 초막절은 7일 동안 광야 생활을 기념하며, 칠칠절은 언약의 땅 가나안에 들어와서 첫 수확 곡식으로 하나님께 감사드린 것이다. 이스라엘의 20세 이상 남자는 1년에 세 번 예루살렘의 중앙 성소에 나가 하나님께 제사 드려야 한다.

'절기(חַג · 하그, 14절)' 는 '순례' 를 가리킨다. 이는 이스라엘의 3대 절기로 장엄한 성지순례를 가리킨다. 이 절기 중에서도 특히 초막절(추수감사절)에 나온 곡식은 성전 예산으로 사용하지 않고 이 경축절에 참여한 가난한 자, 고아, 과부, 나그네에게 골고루 나눠 주며 7일간, 때로는 15일 정도 광야에 머물면서 대축제를 벌였다. 이 절기만큼은 백성들 모두 막힌 벽이 없이 함께 먹고 마시면서, 구속사의 선민으로 즐겼기 때문에 가난한 자와 종들은 특히 이날을 기다렸다. 한국교회는 맥추감사절과 추수감사절 두 차례 정도는 가난한 자, 병든 자, 과부, 고아, 나그네(외국인)들이 은혜를 입을 수 있는 감사 절기가 되도록 해야 한다(행 4:32~35).

넷째, 공의로 행하라(18~22절)

사회적 공의가 평등할 때, 평안과 질서가 유지되기 때문에 재판장과 지도자들은 공평하고 정의로운 판결을 해야 하며(18~20절), 사회적 공의가 바로 되어야 혹세무민(惑世誣民)하는 미신과 주상(鑄像)이 없어진다(21~22절). 이것은 사회적 윤리와 하나님 나라의 공의로운 질서를 가리킨다.

제 17강 공직자에 관한 규례

본문 : 신명기 17장, 19:15~21

신명기 사상에서 하나님을 모시는 종교적 규례(12~16장)에 이어 사람에 대한 사회적 규례(17~26장)가 나온다. 17~18장은 공직자에 관한 규례, 19장은 도피성, 20장은 전쟁, 21~25장은 사회적 규례, 26장은 첫 소산물과 십일조에 관한 규례가 재론(再論)되고 있다. 본 장의 내용은 ①우상 숭배자의 근절(1~7절) ②재판장에 관한 규례(8~13절) ③왕에 대한 제도(14~20절) 등이다.

첫째, 우상 숭배자의 근절(1~7절)

우상 숭배자를 근절시키라는 하나님의 절대 계명은 이미 13장에 기록되었고, 본 장에 다시 기록되고 있다. 신명기의 3대 핵심 사상은 ①하나님을 배반하지 말 것 ②우상을 완전히 철폐시킬 것 ③그들과 혼인하지 말라는 것이다. 이스라엘이 가나안에 들어가 살 때, 백성 중에서 다른 신이나, 일월성신(一月星辰)을 숭배하는 자가 있다면 그 사실을 아는 자가 증인이 되어 조사하고, 확실하면 성문에서 돌로 쳐 죽여서 우상숭배를 근절하라는 명령이다. 그것이 가족이나 친척, 친구라도 봐주면 안 된다(13:6~11).

이것은 무교절의 누룩 교훈(출 12:15~20, 신 16:2~4, 마 16:6~12, 고전 5:6~8)과 같다. '누룩' 성분은 썩고 부패하고 퍼지는 것으로 이

것이 생생한 곡식 가루에 들어가 섞이게 되면 모두 부패시키게 된다. 우상 숭배도 마찬가지다. 처음에는 미비해도 삽시간에 모든 백성에게 번져 하나님을 배신하고 우상 숭배하게 된다.

둘째, 재판장에 관한 규례(8~13절)

합리적인 재판에 관해서는 이미 모세가 그의 장인 이드로의 고견(高見)에 따라 천부장과 백 부장과 오십 부장과 십 부장을 세운 제도에서 드러났다(출 18:13~26). 여기에 따라서 서로 간에 고소하여 판결하기 어려운 사건이 생기면 중앙 성소(예루살렘 성전)의 제사장과 재판장에게 물어 그들의 판결을 따르라는 것이다(16:18~20). 이 규례는 모세오경 중 처음 언급된 내용으로 모세 사후, 가나안 땅에서 여호수아의 지도아래 계속될 최상급 재판이다.

예수님 때도 이 제도가 있었으니 대제사장을 의장으로 제사장 24명, 장로 24명, 랍비 22명으로 구성된 예루살렘 공의회, 즉 70명으로 구성된 '산헤드린 공의회' 이다. 스데반도 예루살렘 공의회에서 사형 판결을 받았고, 사도들과 그리스도에게도 사형 선고가 내려졌다(요 18:12~14). 이는 현재의 입법, 사법, 행정권의 최고 국가 기관이다.

셋째, 왕에 대한 제도(14~20절)

본문은 이스라엘 왕정에 관한 규례로 재판장의 규례와 마찬가지로 모세오경 중 본서에 처음 나오는 내용이다. 원래 왕정 제도는 하나님과 모세도 바라는 것이 아니었다. 그러나 왕의 통치는 이미 족장들의 예언에서 불거졌고(창 17:6, 35:11, 49:10). 왕정 제도는 모세와 여호수아가 죽은 뒤에 시작되었다. 다만 모세는 자기 사후에 될 이스라엘 왕정 제도를 미리 바라보고 하나님의 계시 예언을 받아서 자기 성경에 기록했다.

왕의 통치는 여호수아, 사사 시대를 지난 후, 사무엘 때에 시작되었다(삼상 8:21~22). 사무엘의 두 아들 요엘과 아비야의 그릇된 관리와 판결에 불만을 품은 이스라엘 모든 장로가 라마에 있는 사무엘 선지자에게 나가 '왕을 세워 우리를 다스려 달라' 요청함으로 시작된 것이다(삼상 8:1~9).

본문에 기록된 왕의 자격은 ①하나님께서 택하신 자(15절) ②아브라함의 자손이며 야곱의 혈통인 자(15절) ③군인을 많이 두지 않은 자(16절) ④첩을 많이 두지 않은 자(17절) ⑤방탕하지 않은 자(17절) ⑥모세의 율법을 좋아하는 자(18절) ⑦하나님을 경외하는 자(19절)이다. 그러나 사무엘 시대부터 이렇게 엄격한 기준으로 왕을 세웠지만, 초대 사울 왕 때부터 이 기준은 여지없이 무너졌다(삼상 15:11). 인간의 근본적 속성이 타락하고 부패했기 때문이다.

◈ 교회의 치리 제도 ◈

종교 개혁 시대 교회의 표식은 목사의 설교, 성찬(M.Luther), 권징이다(J.Calvin). 이에 대해 교의학사 루이스 벌콥(L.Berkhof · 1873~1957)은 교회의 권세를 목사의 말씀 선포권, 치리권, 봉사권이라고 했다. 칼빈과 벌콥이 권징과 치리에 중점을 둔 것은 교회의 순결과 질서가 바로 서야 부패하고 타락한 세상 문화와 싸워 이길 수 있고 세속화되지 않기 때문이다.

그러나 세속주의가 물밀 듯 들어오는 현대 교회의 치리 제도는 상당히 흔들리고 있다. 말씀을 믿고 권징을 따르는 교인들이 점차 적어지기도 하지만 그만큼 교역자의 치리 권위가 서지 못하기 때문이다. 설령 징계를 당해도 회개는커녕 다른 교회로 가 버리면 그만이다. 이 타락한 시대엔 믿음의 교리와 생활 윤리를 따르는 더 엄격한 교회 치리가 세워져야 한다.

하나님께선 이스라엘이 가나안에 입성하기 전에, 그 땅에서 만연(蔓延)되고 있는 우상 숭배와 음행 문화를 철저하게 감독하고 치리하라, 하신다. 하나님의 절대적인 치리 제도는?

1. 규명이 돼야 한다.

이스라엘 백성이 가나안에 들어가 살면서 그 땅의 신을 섬기거나,

일월성신을 숭배하거나, 음행의 소문이 들려오면(17:2~3) 그것을 자세히 조사하여 규명되도록 하라는 것이다. 쉽게 들려오는 소문만 믿게 되면 그렇지 않은 일도 크게 벌어질 수 있기 때문이다. 은밀하게 해야 한다.

예수님은 그 사실을 알고 있는 사람이 먼저 찾아가 권고(勸告)하여 회개하도록 하며, 만일 듣지 않거든 한두 사람을 데리고 가서 두세 증인의 입으로 말마다 확증하게 하며, 그래도 듣지 않거든 교회에 말하고 교회의 말도 듣지 않거든 이방인과 세리와 같이 여기라(마 18:15~17)고 하셨다. 구약 시대는 우상 숭배와 음행이 규명되면 반드시 죽여야 했지만, 예수님의 법으로는 회개가 먼저이므로 먼저 회개시켜야 한다(고전 5:5).

2. 증인이 확실해야 한다.

소문만 믿고 일을 처리하게 되면 증거 부족으로 인해 애매한 사람만 무고(誣告)당할 수 있다. 그래서 하나님께서는 확실한 증인을 두 사람 이상 세우라고 하셨다(17:7, 19:15). 예수님도 그렇게 말씀하셨다(마 18:16). 그래서 만약 두세 증인의 말이 사실이면 증인이 먼저 그 죄인에게 손을 댄 후에 백성들이 돌을 던져 죽였다(17:4~7). 그러나 증인들이 모함하여 누명을 씌웠다면 거짓 증인은 벌을 면치 못한다(출 23:1, 신 19:15~19, 잠 19:5).

예수님을 고발한 죄목은 ①백성을 미혹하고 ②로마에 세금 바치는 것을 금하며 ③자칭 왕이라고 했다는 것이다(눅 23:1~2). 그래서 가야바 대제사장과 온 공회가 증인들의 공개토론(증언)을 들어보니 모두 거짓이었다(막 14:55~59). 로마 총독 빌라도 앞에 세운 증인들도 마찬가지였다(마 27:11~14). 그렇다면 대제사장 가야바, 총독 빌라도는 위증자를 먼저 처단시켜야 하는데(19:15~19, 잠 19:5) 오히려 거짓 증인들의 말만 듣고 예수님을 죽였다. 스데반의 사형에서도 위증이 드러났다(행 6:13~14, 7:54~58). 거짓 증인들이 세력을 얻게 되면 그 법정은 있으나 마나 한 불법 재판이다.

3. 거룩한 질서가 유지돼야 한다.

구약 시대는 계명과 율법 시대로, 지키고 행하면 모든 일에 복을 주시지만 어기고 거스르면 가차 없는 징계가 있을 뿐이다. 그중에서도 우상 숭배와 음행은 가장 큰 형벌이 따른다. 만약 두세 명의 증인이 확실하면 먼저 증인이 손을 댄 후에, 뭇 백성이 돌로 쳐 죽인다(17:3~7). 이 법에는 용서도 없고 회개할 기회도 주지 않는다. 즉결 처분으로 나머지 백성들에게 경각심이 주어진다.

율법의 사형제도는 다른 백성에게 죄에 대한 경계심과 경각심을 주기 위해서다. 가나안에 들어가지 않으려고 하나님께 반역했던 광야 1세대는 하나님의 무서운 징계로 40년 동안 광야에 버려져 20세 이상 백성이 다 죽게 되었을 때, 광야에 남은 자녀들과 그 땅에서 태어난 2세대는 자기 조상들로 말미암은 깊은 교훈과 경각심으로 여호수아와 함께 가나안 땅으로 당당히 들어가게 된다(민 14:20~38, 수 1:12~18).

신약 교회의 치리 목적은 ①범죄자의 회개와 새 생활을 위해서다. 출교(黜教) 또한 죄에 대한 깨달음과 다시 돌아오게 하는 새 삶에 목적이 있다. ②교회에서 출교당하는 자를 목격하므로 다른 사람의 죄 오염을 막기 위해서다(고전 5:6~13). 하나님께서 출애굽 하는 이스라엘에 '누룩' 을 먹지 말라 하신 것은 가나안 땅의 우상숭배와 음행을 본받지 말고 세속화되지 말라는 교훈이다(출 12:15~20, 레 2:11, 신 16:4). 교회에서 죄지은 자를 치리함으로 나머지 교인들에게 경각심을 심어 주고, 세상에서 침투해 들어오는 우상과 미신을 막고, 음행과 타락으로부터 교회의 거룩한 질서가 유지된다면 교회의 치리 제도는 언제든지 시행돼야 한다.

◈ 신정정치의 왕도(王道) ◈

이스라엘의 왕권 통치는 모세와 여호수아 시대를 지나고 사무엘 선지자 때부터다. 출애굽 이후 400년이 지나고서다. 하나님의 종 모세는 하나님만 이스라엘의 군주요, 왕이시기 때문에 인간의 통치, 즉 왕권 제도의 필요성을 느끼지 못했다. 이스라엘 백성이 시내 산 아래에서 금송아지를 만들어 우상 숭배할 때(출 32:1~4), 하나님께서는 이스라엘을 진멸하고 새로운 나라를 만들어 모세에게 주시겠다, 하실 때도(출 32:10) 하나님만 이스라엘의 주권자요, 사실상 왕이시기 때문에 모세는 인간적 왕권을 거절했었다. 그러나 하나님께서는 이스라엘도 언젠가는 이방 나라들처럼 인간의 왕 제도를 요구할 것으로 알고 일찍이 아브라함에게 예언하셨고(창 17:6), 야곱에게도 제안하셨다(창 35:11). 더 확실한 예언은 신명기 17:14~20이다.

지금 이 시대는 전제정치(專制政治) 하의 왕권 통치 시대는 아니다. 그러나 어느 시대가 되었든지 지도자의 자격은 대동소이(大同小異)하다. 하나님께서 말씀하시는 왕 제도를 지도자의 자격 요건으로 알고 교훈으로 삼아야 한다.

1. 권세 지향적이어서는 안 된다.

어진 지도자는 백성들 위에 군림(君臨)하기보다 오히려 백성의 치리자 됨을 두렵게 여긴다. 왕의 권세와 영광보다 만백성을 살펴야 할 어버이의 책임이 있기 때문이다. 하나님께서는 모세에게 왕도(王道)를 지시하셨다. “그는 병마를 많이 두지 말 것이요 병마를 많이 얻으려고 그 백성을 애굽으로 돌아가게 하지 말 것이라” (17:16, 삼상 8:11).

많은 말과 군사는 국방을 지키려는 유비무환의 태도가 아니라 왕의 향락을 위한 사냥놀이에 필요한 것뿐이다. 왕의 권세 지향(指向)은 총구에서 나오는 무력일 뿐이다. 이런 권세는 전제적(專制的) 독재주의이기 때문에 결코 오래 가지 못한다. 인간의 권세는 하나님의 선물이지(대상 29:12) 인간의 탐욕으로 얻어지거나 유지되는 건 아니다. 솔로몬의 패망은 하나님의 이 계명을 거스르고 애굽의 많은 병마를 구한 데서 왔고(왕상 10:26), 느브갓네살 왕도 하나님이 주신 권세를(단 2:37) 내 것으로 삼았다가 마침내 왕위를 잃어버렸다(단 4:30~31).

목회자도 교회가 조금 부흥하면 자만해지고 교권의 독재자가 된다. 하나님도 두려워하지 않고, 교단에선 폐단(弊端)이 되고, 교회 세습을 일삼는다. 실로 무섭고 안타까운 일이다.

2. 정욕을 탐해선 안 된다.

인간은 누구든지 권력 위에 서게 되면 자기도 모르게 권세 지향 주의에 빠지고, 나아가 정욕을 탐닉하며 방탕한 생활에 취하게 된다. 그래서 하나님께서는 왕이 되려는 자에게 말씀하신다. “그에게 아내를 많이 두어 그의 마음이 미혹되게 하지 말 것이며 자기를 위하여 은금을 많이 쌓지 말 것이니라" (17절). 왕(지도자)은 정욕을 버려야 한다. 교회 사역자의 절대적 금기(禁忌) 또한 철저한 금욕정신이다.

영국의 역사가 토인비(A.Toynbee · 1889~1975)는 고대 열강의 흥망성쇠를 살폈는데 외적의 침략으로 패망된 나라는 소수에 지나지 않았고, 대부분 지도자의 향락과 타락, 백성들의 게으름과 나태, 허술한 국방력 때문이었다. 그러나 잘 되는 나라는 지도자(왕)의 근면과 정직, 애국(愛國), 애민(愛民) 정신이 부국강병을 이루었다.

교회 지도자도 개인적인 욕심이 없어야 한다. 예수님은 "여우도 굴이 있고 공중의 새도 거처가 있으되 인자는 머리 둘 곳도 없다" (마 8:20)고 하실 만큼 무산자(無產者)이셨다. 빈 몸, 빈손으로 사셨던 예수님을 모신 종들과 청지기는 어떻게 살아야 할 것인가(마 16:24, 25, 갈 5:24).

3. 자족해야 한다.

신정 정치에서 왕(지도자)도 그 주권자이신 하나님 앞에서는 한 사람의 신하, 청지기일 뿐이다. 모든 권세가 하나님으로부터 나왔다면 (대상 29:10~12) 그 권세를 받는 통치자 · 왕은 하나님 앞에서 삼가고, 조심하며 하나님 눈 밖에 나지 않도록 모든 일에 신중해야 한다. 그래서 왕이 된 자는 "자기를 위하여 은금을 많이 쌓지 말 것이니라" (17:17)고 하신 것이다. 재물에 대한 탐심을 버려야 한다. 통치자 · 왕이 물욕에 빠지게 되면 그 백성은 반드시 궁핍하고 도탄에 빠지게 된다. 높은 자리에 있는 자(왕, 지도자)일수록 ①자기 책임을 통감하고 ②자기 분수를 알고 ③자족할 수 있어야 한다(삼상 8:10~17).

사도 바울은 목회자의 말씀과 경건에 관한 교훈을 행함의 절제와 자족하는 마음이라고 했다(딤전 6:3~10). 교회 사역자가 재정에 흑심을 갖게 되면 교회 살림은 어려워질뿐더러 부정을 저지르게 된다. 한 나라가 망하는 것도 자족할 줄 모르는 무분별한 지도자 한 사람 때문이고, 한 교회의 소란도 결국은 자기 분수도 모르고 자족함이 없는 교역자의 문제다. 진정한 왕도(王道)는 자기 백성과 함께 사는 것이고, 교역자는 자기 성도들처럼 살아야 한다.

4. 메시아의 구속사 예표

이스라엘 왕의 시작은 사무엘 때였지만(삼상 10:1, 24절), 그 전에 하나님은 아브라함에게 이스라엘의 왕이 천하 만민을 통치하는 신적 권세가 있겠다고 하셨다(창 12:1~3, 17:6). 아브라함 시대에 등장했던 멜기세덱 살렘 왕은 예수님의 왕권을 예표하며(창 14:17~20), 그 왕권은 야곱의 자손(창 35:11), 유다에게서 나온다고 예언하셨다(창 49:8~10).

그러므로 이스라엘이 소원하는 왕은 ①우리의 왕(14절) ②우리 형제 중에서의 왕(15절) ③하나님의 계명과 율법대로 지켜 행하시는 왕(18~19절) ④이스라엘 중에서 그와 그의 자손이 왕 위에 있는 날이 장구한(20절) 영원하신 왕이시다. 이러한 왕은 육체적으로 유다의 뿌리인 다윗을 가리키며, 아브라함과 다윗의 자손으로 오신(마 1:1) 예수님을 가리킨다. 본문은 이스라엘 왕으로 오시는 예수 그리스도 메시아 모실 준비를 하는 것이다.

제 18강 메시아의 예언

본문 : 신명기 18장, 레위기 7:28~36, 10:12~15, 민수기 18:8~32

모세의 두 번째 설교(4:44~26:19) 중에서 재판장(16:18~17:13), 왕(17:14~20)과 같은 정치 지도자에 관한 규례에 이어서 본 장은 종교 지도자들에 관한 규례이다. 내용은 ①제사장과 레위인의 분깃(1~8절) ②이방인의 가증한 행위(9~14절) ③이스라엘 선지자(15~22절)이다. 하나님께서 세우신 지도자, 예언적 선지자들은 하나님 말씀을 절대복종하고 겸허히 따르면서, 백성을 위한 봉사자의 삶을 사는 위대한 신앙적 인물이며 사회적으로 존경받는 모범 일꾼들이다.

첫째, 제사장과 레위인의 분깃(1~8절)

레위인은 아론의 자손으로 대제사장, 제사장, 그밖에 다른 레위인으로 나눠진다. 레위인과 제사장은 성막 봉사가 주요한 직무였고 백성들이 바친 제물 중에서 받는 분깃이 있었다(민 18:8~32). ① 그들은 일정한 주거지가 없이 모두 각 지파속에 흩어져 살았다(창 49:5~7). 열한 지파가 있는 곳에 가서 그들의 중앙에 위치했다. 이것은 이스라엘의 영적 사명을 감당하기 위해서다. ②제사를 지낸 제물을 제사장이 받아서 함께 나누기도 했다(18:1~3, 민 18:8~11). ③ 첫 곡식과 첫 소산물을 받았다(18:4, 민 18:12~15). ④레위인은 백성들이 드린 십일조를 받았다(민 18:21~24). ⑤이 외에도 하나님께 특별히 드린 것은 그들의 몫이 되었다. 이런 규례는 레위인과 제사장은 다른 일에 종사하지 않고 오직 하나님의 제사직에 관계된 일만 전무 했기 때문이다.

오늘 교역자들은 교회만 섬기고 교회에서 생활비를 받는 것과 같다. 예수님께서도 "일꾼이 자기의 먹을 것 받는 것이 마땅함이라"(마 10:10) 하셨고, 사도 바울은 신명기 25:4를 인용하여 "모세의 율법에 곡식을 밟아 떠는 소에게 망을 씌우지 말라 기록했으니" 이는 소를 염려한 것이 아니라 교회를 섬기는 주의 종들을 위한 말씀이라고 해석하였다(고전 9:9~14).

그런데 일부 몰지각한 교역자 중에는 성직을 그리스도께 받은 사명으로 여기지 않고 마치 자기의 개인 사업장처럼 성도의 봉헌금을 마음대로 사복(私腹) 한다는 것이다. 이는 예수님이 교회의 주인이 아니라 자기가 그 자리에 올라서 있다. "화 있을진저 외식하는 서기관들과 바리새인들이여 잔과 대접의 겉은 깨끗이 하되 그 안에는 탐욕과 방탕으로 가득하게 하는도다" (마 23:25).

둘째, 이방인의 가증한 행위(9~14절)

지금까지 하나님께서는 가나안의 다른 신을 섬기지 말고 우상을 철폐하라, 계속 명령하셨다(5:7~9, 6:14, 7:1~5, 8:19, 9:3, 13:1~18). 본 장은 가나안 세계에 편만(遍滿)했던 각종 우상적 미신에 관한 말씀으로 이는 모두 우상 숭배를 통해 흘러나온 주술적 사행(邪行)이니 전혀 본받지 말고, 행여 알아보려고도 하지 말라는 것이다(12:29~32).

이 사악한 미신 행위는 아담의 원죄로 타락한 인간이 영안이 어두워짐으로 참된 신(神)을 찾지 못하고, 그 대신 하나님의 창조물, 즉 썩어질 사람과 새와 짐승과 기어 다니는 동물 우상을 섬기게 된 것이다(롬 1:21~23). 가나안의 무지몽매(無知蒙昧)한 민족들은 자기의 미래를 알아보겠다고 길흉(吉凶)을 점치고, 별점, 마술, 접신술, 강신술, 요술 등을 일삼았는데 여호와 하나님께선 절대 용납하지 않으셨다. 주술적 사행, 미신에 빠지면 하나님도, 메시아 예수님도 잃어버리게 된다. 마치 이성(지성) 없는 짐승처럼 된다(벧후 2:12, 유 1:10). 그래서 하나님께서는 이방 세계의 가증한 행위를 본받지 말라고 하신 것이다.

셋째, 이스라엘 선지자(15~22절)

우상적 미신을 막기 위해서는 소극적인 방법으로만 되지 않고(9~14절) 더욱 적극적인 대책이 필요하다. 하나님께서는 적극적인 방법으로 모세 같은 선지자를 보내시면서 그의 말을 들으라는 것이다. 거짓 선지자를 분별하지 못하고 참 선지자의 예언을 듣지 않는 자는 징계를 당할 것이라는 말씀이다.

'선지자(נָבִיא · 나비)' 는 '하나님의 뜻을 미리 알고 백성들에게 고하는 자' 이다. '선견자' (삼상 9:9) 라고도 했고, '예언자(προφήτης · 프로페테스 · Prophet, 행 7:37)이다. 아브라함도 선지자였고(창

20:7), 족장들도 모두 '예언자' 로 인정했다(시 105:15). 모세는 '나와 같은 선지자' (15절) 라면서 자신을 예언자로 자인(自認)했다. 하나님은 항상 모세에게 말씀하셨고, 모세는 받은 말씀을 그대로 전했기 때문이다(출 39:31~32, 42, 43, 40:16, 21절 등).

여기서 모세가 말하는 '나와 같은 선지자' 는 누구를 가리키는가? ①집합 명사로 모든 시대의 선지자를 가리킨다(Kimchi, Alshech, Lipman). ②그리스도를 가리킨다(Augustine, Tertullian, Justin, Martyr). ③집합 명사의 선지자들이며 궁극적으로는 예수 그리스도를 가리킨다(Calvin, Grotius, Nicolaus de Lyra). 마지막 해석이 가장 합당하다.

'너희 가운데 네 형제 중에서' (15절) 란 말씀은 우상숭배하고 미신에 빠진 이방 민족을 제외하는 강한 표현이다. 하나님의 말씀만 참된 계시이며, 그 언약의 계시를 유대 민족만 받았기 때문이다. 그래서 예수님께서도 '이는 구원이 유대인에게서 남이라' (요 4:22)고 하셨으니 하나님의 구속사가 없이는 인간의 구원이 될 수 없음을 가리킨다.

모세는 장차 자기 땅에 오실 예수님을 자기와 동등하게 말씀하고 있다. '너를 위하여 나와 같은 선지자' 라고 하셨다. 모세와 예수님은 무엇이 같은가?

(1) 하나님의 계시에서 같다.

모세는 시내 산에서 하나님의 계시를 받아서 자기 백성에게 그대로 전했다. 그러기에 모세의 말을 듣는 자는 하나님의 계시를 그대로로 듣는 것과 같다(민 12:6~8). 예수님께서도 모세와 같이 하나님이 주시는 계시를 받아 그대로 전하셨다(요 8:28, 12:49, 14:10, 24절). 그래서 예수님의 말씀을 들어야 하나님의 계시를 받는 것이다(요 8:42~45).

신약성경에는 예수님을 '선지자' 라고 했고(요 1:21, 6:14, 7:40, 행 3:22, 7:37), 이는 예수님께서 하나님의 말씀을 받으시고, 전하기도 하셨기 때문이다. 이렇게 모세와 그리스도께서 다 같이 하나님의 계시를 백성에게 전하는 선지자지만 다른 것은, 모세는 하나님의 계시를 전하는 메신저일 뿐 자기 계시는 전혀 없으나, 예수님은 하나님의 계시도 전하지만 자기 계시를 전하시고, 가르치기도 하셨다(마 11:25~27). 모세는 하나님과 오실 그리스도를 위한 메신저로 수종드는 구속사의 청지기였지만 예수님은 하나님으로 모세의 주인이며, 구속사의 자신이었기 때문이다(히 3:1~6).

(2) 다 같은 중보자이다.

모세와 아론이 있을 때 아론은 대제사장으로 백성의 죄 사함을 위한 중보자였으나, 모세는 이스라엘의 지도자로 백성의 정치, 경제, 생활 전반의 중보자였다. 하나님께서는 모세를 하나님과 백성 사이의 중보자로 구약시대 예수님의 대리자로 삼으셨다. 모세의 중보 직은 예수 그리스도께서 오실 때까지다.

모세가 구약시대의 중보자였지만 예수님은 천국의 본질적 문제에 있어서 모세나 아론, 이스라엘 백성 전체의 중보자시다. 모세와 예수님 간에 중보 직이 다른 것은 ①모세는 구약시대의 중보자일 뿐, 그리스도는 신·구약시대, 어느 때를 막론하고 우리 인생의 중보자시다. ②모세는 자기 죄도 스스로 사죄받을 수 없어서 그리스도의 속죄를 입어야 하지만, 예수 그리스도는 무죄하신 분으로 누구의 중보도 필요하지 않다. ③모세의 중보는 일시적이나 예수님의 중보직은 영원하시다. 그러므로 모세의 중보 직은 예수님 중보의 모형이고, 예수님의 중보직은 원형이고 본질적이다(히 13:8).

◈ 미신 행위의 폐단(弊端) ◈

중세시대 사람들의 생각은 앞으로 인간의 지식이 발전하고 문명과 문화가 증진되면 미개한 시대에 탐닉했던 미신·주술 따위는 이 세상에서 자취를 감추고 지식·지성적인 합리적 세상이 될 것이라고 기대했다. 그러나 이것은 인간의 착각이요, 오산인 것은 물질문명과 첨단 과학 시대에 미신적인 사술 행위가 더욱 성행하기 때문이다.

금세기에 공공연히 자행(恣行)되고 있는 관상, 점성술, 마술, 요술 따위는 흔히 원시 종교에서나 볼 수 있는 것들이다. 그중에서 여러 형태의 복술(卜術)과 마술은 고대 가나안(18:10), 모압(민 23:23), 블레셋(삼상 6:2), 바벨론(사 44:25) 등지에서 극심했고, 강신술(교령술), 점성술은 고대 그리스나 로마에서도 인기가 높았다(민 23:1~12, 벧후 2:12-16).

오늘 세상에서도 점쟁이, 길흉을 점치는 자, 박수무당, 진언자, 신접자(神接者), 초혼자(招魂者) 등이 소위 '동양철학' '운명의 철학관' 이란 고상한 간판을 걸고 변두리 궁색한 곳에서 집단촌을 이루거나 도심 상가까지 버젓이 영업중이다. 이곳은 무지한 사람만 찾는 게 아니다. 사업가, 정치가, 지성인들까지도 선거철이나 입시 철만 되면 성황(盛況)을 이룬다고 하니 기가 막힐 노릇이다.

어느 시대든지 난무하는 이런 제반 풍습들은 비윤리적·비도덕적

비과학적일 뿐 아니라 하나님의 무서운 징계와 저주가 따르는 폐단(弊端)일 뿐이다.

1. 점술사 · 복술인(קֹסֵם קְסָמִים · 코셈 케사밈)

이들을 찾아가는 것은 미래가 불안하고 불완전하기 때문이다. 이스라엘 초대 왕 사울도 점쟁이를 찾아가서 내일의 일을 묻고 점을 쳤다(삼상 28:3~14). 그러나 사울은 그의 세 아들과 함께 전쟁터에서 죽고 만다(삼상 31:5~6). ①이것은 자기 게으름의 범죄다. 자기 일에 충실하고 열심히 하는 자는 내일 일을 염려하지 않는다(마 6:34). ②하나님 권위에 대한 신성 모독이다. 미래에 대한 경륜과 섭리는 오직 하나님의 예정이다. 자기 일에 성실하며 하나님께 맡기면 된다(잠 16:9, 20:24).

2. 별점 · 천체 무당(מְעוֹנֵן · 메오넨)

태양, 달, 별과 같은 천체(天體)는 식물을 성장시켜서 인간에게 열매를 내주고, 빛을 내서 길을 밝혀준다. 이 모든 것은 하나님의 창조물로 인간을 위해 피조된 것이다(창 1:14~18). 그런데 인간은 타락한 아담의 후손으로 영안이 어두워졌고, 그들에게 미혹되어 신으로 섬기거나, 로마 · 헬라 철학으로 변질한 것이다(갈 4:8~11).

3. 신접자(וְשֹׁאֵל אוֹב · 웨소엘 오브)

죽은 혼령(魂靈)을 통해 점을 치는 자, 흔히 '영매자' (靈媒者) 라고 한다. 결혼하지 못하고 죽은 자를 영혼 결혼을 시키기도 한다. 이때 중매쟁이는 무당이나 박수이다(삼상 28:3, 9절).

4. 진언자(חֹבֵר · 호베르 · charmer)

주문을 외워 마법을 거는 자다. 즉 마법을 통해서 연결시키고, 속박하는 자이다. 성령의 내재하심이라는 그리스도교를 빙자해서 거짓 사술로 청중을 넘어뜨리는 행위를 일삼는다. 이것이 귀신의 역사가 아니라고 해도 상술적이고 심리적인 작용으로 생기는 일이니, 그리스도교의 성령의 역사는 전혀 아니다.

5. 초혼자(הַמֵּתִים · 招魂者 · 함메팀 · up the dead)

죽은 자의 영을 불러내어 미래의 일을 물어보는 것이다(삼상 28:3~14). 이 같은 풍습은 이스라엘에는 금지되었다(18:11).

6. 요술하는 자(וּמְנַחֵשׁ · 우메나헤쉬 · Enchanter)

마술로 사람을 현혹하는 자다(민 24:1). 이것을 죄로 보지 않는 성도들이 의외로 많다. 그러나 이러한 사술 행위는 인간에게 건전한 정신과 과학적 사고를 고취하지 않고, 저속한 의식과 맹목적인 사고만 함양시킬 뿐이니 사회 · 윤리적으로 근절시켜야 한다.

이 외에도 한국적인 미신과 명절이 많다. 우리나라에 그리스도교가 들어오기 전의 모든 명절과 풍습은 이교의 종교와 미신 사상에서 생긴 것이다. 혹은 이를 가리켜 우리나라의 전통적 문화유산이라고 하지만 그리스도교의 입장에서는 하나님을 떠나 구속사를 대적하는 것이므로 모두 철폐되는 것이 마땅하다. 그러나 우리나라가 기독교 국가가 아니어서 그렇게 할 수는 없지만, 그리스도인은 용납할 수 없다.

제 19강 도피성의 규례

본문 : 신명기 19장, 민수기 35:9~28, 여호수아 20:1~9

모세의 두 번째 설교(4:44~26:19)에서는 주로 하나님을 섬기는 제사와 지도자(공직자)에 관한 규례를 말씀하셨고, 본 장부터 26장까지는 백성들의 사회생활에 대한 교훈이다. 내용은 ①도피성 제도(1~13절) ②경계표의 규례(14절) ③증인의 규례(15~21절) 등이다.

첫째, 도피성 제도(1~13절)

도피성 제도에 대해서는 앞서 기록되었고(출 21:13, 민 35:6, 9~15, 22~28, 신 4:41~43), 본문에는 도피성 세울 시기를 말씀하는데, 이스라엘 백성이 요단강을 건너 가나안 일곱 족속을 멸절하고 그 땅을 주셔서 48개 성읍에 거주할 때였다. 하나님이 기업으로 주신 땅 가운데 요단 동편에 3개, 가나안 땅에 3개의 도피성을 두라는 것이다.

도피성을 두는 까닭은, 제6계명대로(출 20:13, 신 5:17) '살인자는 이유 없이 죽어야 하지만' (창 9:5~6, 출 21:12, 레 24:17, 민 35:16, 신 19:10 등), 과실치사, 실수로 사람을 죽였을 경우에는 정상 참작을 해야 한다. 도피성 제도는 한마디로 무모한 피 흘림과 복수의 악순환(출 21:23~25)을 막기 위한 사회적인 중재(仲裁)였다. 고의적인 살인이 아니고 과실 치사로 재판장의 판결이 나면 그는 도피성으로 들어가 일생을 보내야 한다. 만약 제멋대로 도피성을 벗어나 원수에게 보복을 당해도 어쩔 수 없다. 그의 책임이다. 대제사장이 죽기까지 도피성에 머물러야 한다(민 35:25~28). 그러나 고의적 살인자는 번제단의 뿔을 잡아도(출 27:2, 왕상 1:50~52, 2:28), 도피성으로 피했어도 살인의 죗값은 풀어지지 않는다(11~13절).

둘째, 경계표의 규례(14절)

고대 사회의 가장 기본적인 소유물은 분배받은 토지였다. 농경시대 땅은 개인 소유의 전부라고 할 수 있다. 가나안을 정복한 이스라엘은 열 한 지파에 영토 분배가 되었고, 개인마다 토지를 나눠주었다. 당시에는 토지 등기 제도가 없었고 자기 땅의 경계를 표시하기 위해 '경계표(גְּבוּל · 께볼 · Landmark)'를 세웠다. 하나님께서 모세에게 명하여 '네 이웃의 경계표를 옮기지 말지니라(14절)고 하셨다. '조상이 정한 네 이웃의 경계표' (14절) 란 가나안 땅을 정복한 후, 여호수아가 각 지파와 개인들에게 나눠준 토지를 말한다.

이렇게 자기 조상이 분배받은 그 땅을 ①다른 사람이 갈취할 수 없고(14절, 27:17) ②자손들이 팔 수 없으며(잠 22:28, 23:10) ③압박과 위협으로 뺏지 못한다(욥 24:2, 호 5:10). 제8계명과 십계명을 어기는 범죄다. '경계표' 와 '지계표' 는 같은 말이다. 하나님께서 모세에게 이런 규례를 세우시는 것은 ①하나님만이 모든 땅 · 토지의 원주인이시며 ②이스라엘 3대 족장에게 언약하신 계시가 이루어졌으며 ③금싸라기 같은 땅도 범죄 하면 가나안 주민들처럼 빼앗겨 버린다는 경고를 하시기 위함이다.

셋째, 증인의 규례(15~21절)

신명기 17:6~13에 이어 두 번째로 언급되는 법정에서의 증인이다. 전자는 종교상의 증언으로 다른 신을 섬김으로 고발된 자의 증인이라면, 본문의 증언은 이웃 사이에 생긴 제9계명, 사회악에 대한 증인이다. ①법정에서 한 증언은 반드시 2~3명은 되어야 한다(15~16절). ②증인의 증언은 일치해야 한다(15~17절). ③만약 증인들의 증언이 모함으로 인한 거짓 증거라면 그들이 꾸민 거짓 증거 그대로 그들에게 갚으라는 것이다(18~21절). 이를 '동해보복률(同害報復律)'이라고 한다.

그러나 이방 세계의 동태복수법(同態復讐法), 또는 동해보복률(Lex Talionis)이 아니라 예수님께서 가르쳐 주신 대로 보복할 수밖에 없는 악순환을 하나님의 은혜와 그리스도의 사랑으로 끊고, 평화의 법으로 만들라는 아가페 정신이다(마 5:39~44).

◈ 도피성의 영적 의미 ◈

이스라엘의 성막 · 성전의 제단 뿔은 도피성과 함께 과실로 인한 살인자가 실 수 있는 한 방법이다. 성선 뿔을 잡는 자가 살 수 있는 것처럼(출 27:2, 왕상 1:50~52, 2:28) 도피성에 들어오는 자도 살 수 있다. 제단 뿔을 잡는 것은 곧고다 십자가에 못 박히신 예수님의 십자가를 붙잡는 것이고, 도피성은 오직 예수 그리스도에게만 살길이 있음을 가리킨다. 요단강 동쪽과 서쪽에 세워진 도피성은?

1. 원죄 · 자범죄의 사함이다.

복수자에게 잡혀 죽을 수밖에 없는 죄인도 일단 도피성 안으로 피신하기만 하면 살 수 있다. 사탄 · 마귀는 아담의 원죄(창 2:17, 3:1~5)를 인간에게 들이대면서 '너희는 내 것이니(눅 4:6) 계약대로(창 3:19) 내가 있는 사망의 무저갱에 들어가야 한다' 고 한다(계 20:13~14, 21:27). 그러나 우리는 영원히 죽을 아담의 원죄와 내 본죄를 용서해 주시려고 몸 찢고, 피 흘려 죽으신 예수님을 믿고, 골고다 십자가의 도피성으로 들어가야 한다(히 9:22~28, 10:10~14, 11:13~16).

2. 지금도 도피성은 있다.

도피성은 비단 약속의 땅 가나안에만 있었던 것은 아니다. 그 바깥 요단강 동편에도 설치되었다. 우리의 영원한 도피성이신 그리스도께서는 어느 땅, 어디에도(요 4:21) 항상 계시므로 우리가 신령과 진리로 예수님을 만날 수 있다(요 4:22~23).

3. 그리스도를 만나는 길은 열려 있다.

도피성으로 가는 길은 잘 정돈되어 있고, 항상 열려 있다(19:2~3). 무려 여섯 군데나 있으니 얼마든지 찾을 수 있다. 교회가 없어서, 그리스도를 몰라서 믿지 못한다고 할 수 없다. 우리는 언제든지 예수님께 나올 수 있으나 그것도 살아 있는 동안뿐이다.

4. 살인자만 도피성으로 들어간다.

죄 없는 자는 도피성에 들어갈 수 없다. 들어가려고도 하지 않는다. 도피성은 극악한 살인죄를 지은 죄인만 받는 곳이다. 예수님은 의인을 부르려고 오신 분이 아니라 죄인을 구원하시려고 이 세상에 오셨다(마 9:10~13, 딤전 1:15).

5. 대제사장이 죽어야 한다.

도피성에 들어간 죄인은 대제사장이 죽을 때까지 그곳에 있어야 한다(민 35:25, 32절). 대제사장이 살아 있으면 살인죄가 사함이 안 되고, 대제사장이 죽으면 도피성의 죄인도 해방된다. 나를 위해 예수님께서 십자가에 못 박혀 죽으실 때 나의 죄지음이 벗겨지고, 사탄의 올무에서 벗어나 자유인이 된다.

6. 영원한 내세이다.

죄인의 도피성과 예수 그리스도의 도피성은 궁극적으로 다른 것이 있다. 전자의 도피성은 아무리 벗어나도 양심의 죄는 사면(赦免)이 안 된다. 그러나 그리스도 안에서의 도피성은 벌써 죄 사함이 되었고, 의인이라 불리며, 영원한 내세가 열린다. 그리스도의 도피성 안에서 그리스도와 함께 영원한 교제가 있게 된다(계 14:1~5).

제 20강 전쟁에 관한 규례

본문 : 신명기 20장

하나님께서는 이미 아브라함과 이삭과 야곱에게 가나안 땅을 주시기로 언약하셨다(창 12:7, 13:14~17, 15:18~21, 17:8, 24:7, 26:2~4, 28:11~15 등). 이스라엘과 천하 만민을 구원할 메시아께서 그 땅에 성탄 하시기 때문이다. 그러나 그 땅에는 아브라함보다 800~1200년 전부터 가나안 일곱 족속이 살고 있었기 때문에 그 땅을 점령하려면 반드시 전쟁해서 빼앗아야 한다. 그 땅에는 네피림 후손인 아낙 자손이 살고 있었는데, 그 백성은 신장이 장대한 자들이었다. 그래서 이스라엘 백성 1세대는 전쟁을 하기도 전에 주눅이 들어 전의(戰意)를 상실했다(민 13:30~14:4). 이제 이스라엘 1세대는 40년 전에 광야에서 다 죽었고, 그 뒤를 이은 2세대가 가나안 일곱 족속과 전쟁을 해야 한다. 본 장의 내용은 ①전쟁하는 자들의 정신(1~9절) ②전쟁의 기본 지침(10~18절) ③수목(과일나무)을 보존하라(19~20절)는 지시다.

첫째, 전쟁하는 자들의 정신(1~9절)

전쟁에 승리하려면 우수한 무기와 훈련된 군사, 그리고 치밀한 작전 계획 등이 있어야 한다. 그러나 아무리 이 모든 걸 다 갖추었어도 전쟁하는 자들의 정신 자세가 흐트러졌거나 나태하면 이미 그 전쟁에 패할 수밖에 없다. 무엇보다 정신 자세가 가장 절대적이다. 이것은 하나님을 섬기는 이스라엘도 예외는 아니다. 그래서 하나님은 먼저 이스라엘의 정신을 고취(鼓吹)시킨다.

(1) 하나님이 함께 하시니 놀라지 말라(1~4절)

제사장은 백성들 앞에 나가서 용기를 북돋아 주라는 것이다. "네 하나님 여호와께서 너와 함께 하시느니라" (1절) "마음에 겁내지 말며 두려워하지 말며 떨지 말며 그들로 말미암아 놀라지 말라" (3절) "여호와는 너희와 함께 행하시며 너희를 위하여 너희 적군과 싸우시고 구원하실 것이라" (4절).

(2) 전쟁이 두려운 자는 나가지 않아도 된다(5~9절)

책임자들은 백성에게 말하기를 "새집을 건축한 자, 포도원을 만든 자, 여자와 약혼하고 결혼하려는 자, 전쟁이 두려워서 마음이 허약한 자" 는 전쟁에 나가지 않아도 된다는 것이다(5~9절).

이스라엘과 가나안의 전쟁은 하나님의 신전(神戰)이다. 무기, 군사의 수, 전술과는 아무 상관이 없다. 출애굽 한 이스라엘이 홍해를 만났지만 "오늘 너희를 위하여 행하시는 구원을 보라, 여호와께서 너희를 위하여 싸우시리니 너희는 가만히 있을지니라" (출 14:13~14) 기다리면 된다. 하나님께서 이미 이겨 놓으신 전쟁이기 때문이다.

둘째, 전쟁의 기본 지침(10~18절)

이스라엘의 모든 전쟁은 "여호와 하나님의 거룩한 전쟁" 곧 신전(神戰)이므로 전쟁의 승패는 하나님께 달려 있다. 다만 전쟁을 하기 전에 하나님께서 명하신 전쟁 수칙만 따르면 된다. 그 수칙이란?

(1) 평화의 선포

이방 세계의 전쟁은 선전 포고가 있지만, 하나님이 하시는 거룩한 전쟁(Holy War)은 '화평의 선언' 이 있다. 만왕의 왕, 만주의 주되시는 하나님이 너희에게 오셨으니 "평강의 마음으로 문을 열고 하나님을 모시라" 는 선언이다. 그 평화를 받아들이는 마음으로 조공을 바치고, 하나님을 섬기라는 것이다(10~11절).

(2) 평화의 대적자는 징계하신다.

평화는 오직 하나님과 주 예수 그리스도에게서 오기 때문에 성부의 평화, 성자의 화평을 대적하고 거부하는 것은 하나님과 성자를 섬기지 않는 적그리스도, 대적자이다. 이에 대한 대가는 철저한 하나님 공의의 심판으로 전쟁의 대상자인 남자를 다 죽이고(13절), 부녀자들은 종으로 삼고, 가축은 빼앗아 식물로 먹으라는 것이다(14절).

(3) 가나안 일곱 족속을 진멸하라.

호흡 있는 자를 하나도 살리지 말고 죽여라, 그렇게 하지 않으면 그 백성의 미혹을 받아 우상 숭배에 빠지게 되고 하나님을 배신하게 된다(7:1~6, 8:19~20, 9:3~4 등).

하나님 평화의 선포로 가나안의 열 족속(창 10:15~20)이 멸망해야 하지만 이 평화의 구속사 선언을 받아들인 기브온 백성들은 홀로 살아남아서 가나안 땅에서 살게 된다(수 9장). 아무리 이스라엘의 대적자요, 하나님의 원수라도 하나님은 결코 그들이 멸망하는 것을 기뻐하지 않기 때문에 하나님께 돌아온 기브온 주민처럼 살기를 원하신다. 하나님의 근본 속성은 자비와 긍휼과 은혜와 사랑이다(겔 3:21, 18:23, 33:11).

셋째, 수목(과일나무)을 보존하라(19~20절)

아무리 마음이 착한 사람도 전쟁하게 되면 심령이 황폐해지고 잔인해진다. 그러므로 전쟁의 때에 함부로 작벌(斫伐)하면 안 된다. 하나님께서 이 세상에 열매 맺는 나무를 주신 것은 보기에 아름답고 인간의 식물로 주기 위함이다(창 1:29~30, 2:9, 16절). 그런데 아무 까닭 없이 수목과 과목을 찍어내면 하나님의 아름다운 세상을 파괴하는 죄가 된다. 오히려 오랫동안 남겨 두었다가 가정에 필요한 가구를 만들어 써야 한다(20절).

◈ 하나님의 전쟁(聖戰) ◈

고대의 모든 전쟁은 신을 표방했던 신전(神戰)으로 자기들 신을 앞세우고 전쟁을 했다. 전쟁에서 이기면 패한 나라의 신을 신전에서 끌어내리고 대신 승리한 나라의 신을 모셔다가 그 신전에 두었다(삿 16:23~27). 그러나 실상 고대 이방의 모든 전쟁은 국토를 빼앗고, 그 나라 백성을 노예로 만드는 '인간적 탐욕의 침략' 일 뿐, '거룩한 성전(聖戰)' 은 아니다. 이 세상에서 '거룩한 전쟁' 은 오직 하나님을 모신 이스라엘뿐이다. 하나님의 전쟁은 탐욕이 없고, 백성을 유린하여 노예로 만드는 잔인한 전쟁도 아니다. 하나님의 성전은?

1. 공의로운 전쟁이다.

아무리 이스라엘 백성이라도 하나님의 신령하신 공의가 없을 때는 하나님의 언약궤(법궤)를 앞세운 전쟁을 하더라도 여지없이 패했고, 하나님의 궤마저 빼앗겼다(삼상 4:3~11). 한 사람 탐욕 때문에 공의가 무너졌을 때, 여호수아 군대도 아이 성 전투에서 대패했다(수 7:1~26). 그러나 하나님의 공의만 바로 세워져 있으면 군대의 수가 절대 부족하고, 모든 조건이 형편없더라도 하나님의 거룩한 전쟁이 되어 크게 승리하게 하셨다. 네피림의 장대한 아낙 자손도(민 13:32~14:4 참조) 단번에 제압했다(수 12:1~24). 다윗과 골리앗의

엘라 골짜기 전투도 공의의 싸움이다(삼상 17장). 성도들에게 하나님의 공의만 세워지면 어떤 싸움도 이길 수 있다(롬 8:34~37).

2. 믿는 자를 이기게 하는 전쟁이다.

인간 세계의 전쟁은 절대적으로 군대의 숫자, 우수한 무기, 잘 훈련된 용사, 뛰어난 전술에 달렸다. 그러나 이스라엘 선민에겐 이 같은 조건이 하나도 준비되지 못했다.

하나님께서는 기드온에게 모집된 3만2000명의 군사를 다 돌려보냈고, 300명 용사만으로 미디안 대군과의 전쟁에서 대승리를 가져오게 하신 것처럼(삿 7:1~23), 가나안 일곱 족속과의 전쟁도 전쟁할 수 없는 조건과 이유가 있는 자를 모두 돌려보냈다(20:2~9). 하나님의 성전에서는 오직 믿음 하나면 되는 것이지 인간의 구비(具備) 조건은 아무것도 필요 없기 때문이다.

“보라 그에게는 열방이 통의 한 방울 물과 같고 저울의 작은 티끌 같으며 섬들은 떠오르는 먼지 같으리니” “그의 앞에는 모든 열방이 아무것도 아니라 그는 그들을 없는 것같이, 빈 것같이 여기시느니라”(사 40:15~17). 이런 하나님만 믿고 의지하고 나가면 성도에게 전쟁, 사탄과의 투쟁이란 지푸라기 정도밖에 되지 않는다. 믿음의 소년 다윗도 천하 장군 골리앗을 그 정도밖에 생각하지 않았던 것이다(삼상 17:41~49).

3. 언약 된 전쟁이다.

이스라엘이 전쟁해야 할 가나안은 이미 540여 년 전에 아브라함과 이삭과 야곱 족장에게 하나님께서 언약으로 주신 땅이다(창 15:18~21 등). 이스라엘은 하나님 계시 언약만 믿고 들어가면 된다. 전쟁은 하나님께서 하시니 이스라엘은 하나님께서 예정하신 대로 가기만 하면 된다.

출애굽 때도 이스라엘 백성들 앞에는 홍해가 놓여 있었으나 그들은 뗏목이나 배를 만들지 않았다. 하나님 계시 언약의 구속사만 믿고 앞으로 나갔다. 우리가 할 수 있는 일은 힘써서 해야 한다. 그러나 모든 일은 하나님께 맡기고 믿음으로 나가야 한다. 믿음은 계시의 조명(照明)이다. 우리에게 계시의 조명만 비춰 주시면 어떤 일도 이길 수 있다.

4. 평화의 전쟁이다.

고대 세계의 모든 전쟁은 무조건 빼앗고 죽이는 침략전쟁이다. 그러나 하나님의 '거룩한 전쟁' 은 평화이다. 그래서 그리스도의 복음이 먼저 들어갔던 서구 사회의 모든 전쟁은 선전 포고를 했고, 평화를 선언하면서 '항복하라' 세 번 외쳤다. 항복하고 성문을 열면 조공을 바치게 했고, 하나님을 섬긴다는 뜻으로 성벽에 흰 천으로 십자가 깃발을 세우게 했다. 하나님께서 가나안 일곱 족속에게 그렇게 하신 것은 가나안 정복은 침략 전쟁이 아니라 하나님 공의의 심판이요, 메시아 구속의 언약이요, 하나님은 화평이시기 때문이다

(20:10~12). 가나안의 열 족속, 31명의 왕은 하나님의 화평 복음을 듣고 항복하여 살길을 찾아야 했다(수 12:24).

기브온 백성은 자기 땅에 평화의 왕(눅 2:14)으로 오시는 예수 그리스도의 계시 언약을 믿고 평화의 구속사 선언을 받아들임으로 성읍 전체가 구원을 받았다(수 9:26~27). 가나안 일곱 족속의 멸망은 완악함으로 구속사의 왕으로 오시는 예수 그리스도를 모시지 못한 죄 때문이다.

제 21강 가나안의 여러 규례들

본문 : 신명기 21장

신명기 21~25장에는 사회적 규례들이 산만하게 늘어져 있다. 이 규례는 이스라엘 백성들이 언약의 땅 가나안에 들어가서 지키고 행해야 할 신정 정치의 규례들이다. 미해결 살인 사건(21장), 유실물과 순결법(22장), 총회에 들어 올 수 없는 자(23장), 사회적 윤리 문제(24장), 공정성에 관한 규례(25장)이다.

그러나 아무리 하나님 신정 정치 아래 있는 계명의 규례와 율법의 법규라도 계명과 율법을 완전하게 이루시려 구속사로 오시는 예수님의 성탄 전까지는 그 당시의 관습·풍속을 완전히 떠날 수 없다. 예를 들어, 포로 된 여인을 아내로 삼는 일부다처제(一夫多妻制) 제도(10~17절)를 버리지 못한 것은 그 당시 이방 세계의 풍습과 문화를 버리는 것이 그만큼 어렵기 때문이다. 본 장의 내용은 ①살인자의 미결 규례(1~9절) ②포로를 아내로 맞는 규정(10~14절) ③장자의 상속권(15~17절) ④패역한 자식(18~21절) ⑤사형자의 시체 처리(22~23절) 등이다.

첫째, 살인자의 미결 규례(1~9절)

앞서 살인자에 대해선 엄격하게 처벌하라, 말씀하고 있다(출 21:12, 14, 민 35:16~21, 신 19:11~13). 본문에는 시체는 발견했는데 그 살해범이 누구인지 알 수 없는 경우다. 그러나 '피 흘림이 없으면 사함도 없다' (히 9:22)는 대속의 원리에 따라 살인자를 알 수 없는 경우에도 그 살인자의 죄에 대해서 반드시 대속 되어야 한다. 대속의 절차는 율법으로 정해졌으니 ①피살된 시체와 가장 가까운 성읍의 장로들이 대속 의식의 책임자로 정해졌고(1~3절) ②아직 부리지 않고 멍에를 메지 않은 암송아지를 희생 제물로 정한다(3절). ③성읍의 장로들이 물이 흐르는 골짜기에서 송아지를 잡아 대속의 피를 흘리게 했다(4절). ④성읍의 장로들은 골짜기에서 죽은 송아지 위에서 손을 씻고 살인 사건과 무관함을 선언하고 하나님의 사죄를 간구했다(5~9절). 왜 이런 살인자에 대한 속죄 의식이 있어야 하는가? 하나님만 아시는 일이지만 예수 그리스도의 구속사로 유추(類推)할 수는 있다.

(1) 하나님의 어린양

송아지는 순전(純全)한 짐승으로 하나님 앞에 제물이 될 수 있다. 예수님은 세상 죄를 지고 가는 어린양이시니 우리가 모르는 모든 자의 죄까지도 사하실 수 있다(요 1:29).

(2) 대속의 제물

제사장만 오신 그리스도를 대신해서 속죄 제사를 지낼 수 있다. 그러나 제사장이 자기 몸으로는 속죄 제물이 되지 못하므로 어린양을 대신해야 했다. 구속의 제물로 오신 예수님은 직접 자기 몸을 찢고 피를 흘려 번제 · 속죄 제물로 하나님께 드리셨다(히 9:22~28, 13:10~13).

(3) 목을 꺾어 죽인 암송아지

성읍의 장로들이 목을 꺾어 죽인 암송아지는 발견되지 않은 살인자다. 이와 같은 대신 속죄 사상은 장차 오실 예수 그리스도의 골고다 십자가 죽음에서 그 열매를 거둔다. 만약 예수님의 골고다 십자가가 없었다면 짐승의 피는 전혀 속죄의 예표가 되지 못해 필요 없게 되었을 것이다. 예수님의 십자가 피가 오고가는 모든 시대 인간의 죄를 다 씻어 그 믿음의 보혈로 구원시키는 것이다(히 7:26~28, 9:11~15, 10:10~14).

둘째, 포로를 아내로 맞는 규정(10~14절)

이스라엘이 전쟁에서 포로로 잡은 여인은 가나안 여인은 아니다. 그 증거는 이미 이스라엘은 가나안에 들어와서 살면서 적군과 싸우는 전쟁이었기 때문이다(11절). 그러므로 포로 된 여자는 다른 이방의 여자이다. 만약 포로 된 여인이 가나안 여자라면 이 여인은 율법에 따라 벌써 죽임을 당했을 것이다(7:1~3, 9:3, 20:16~18 민 33:52).

포로가 된 이방 여인을 아내로 맞을 경우, 유부녀가 아니라 처녀라야 한다(민 31:17~18). 포로가 된 처녀를 아내로 맞기 전에 ①집으로 데려가서 머리를 밀고, 손톱을 베고(12절) ②포로의 의복을 벗고

한 달 동안 죽은 부모를 위해 애곡한 후에(13절), 아내가 된다. 이것은 일종의 결례(潔禮 · Purification)이면서(레 14:8~9, 민 8:7) 하나님의 종교로 개종하는 의식이다. 포로 된 여자와 살다가 종으로 팔 수 없고(21:14, 24:7) 그냥 놓아 주어야 한다. 이것은 하나님의 인애와 자비의 은총으로(호 6:6, 미 6:6~8) 하나님의 품으로 돌아온 백성을 무자비하게 버릴 수 없기 때문이나. 이스라엘의 유부녀에게 대하듯 율법적으로 대하라는 것이다(24:1, 마 19:7~9, 막 10:2~9).

셋째, 장자의 상속권(15~17절)

일부다처의 경우, 미움을 받는 아내의 소생이 맏아들이면 반드시 그를 장자로 인정하여 상속권을 주라는 것이다. 본래 하나님의 가정 창조 원리는 일부일처였으나(창 1:27, 2:18~25, 말 2:15) 이스라엘의 가정은 이방인들처럼 중혼(重婚)이었다. 예수님은 철저하게 일부일처만을 가르치셨고, 따라서 구약의 가정제도 보다 신약의 가정 윤리가 훨씬 우월하다(마 19:3~6). 구약의 율법이 이방의 사회법보다 매우 철저했지만, 가정 제도만큼은 허술하기 짝이 없었다. 신약시대, 예수 그리스도의 은혜 속에 사는 그리스도인은 이방인은 말할 것도 없고, 구약시대 사람보다 더 철저한 사회적 윤리와 도덕으로 살아야 한다(마 5:20). 믿음의 행위가 요구된다.

넷째, 패역한 자식(18~21절)

불효자식 장자의 상속은 부모의 마땅한 도리로 가문의 대를 잇는 장자에게 2/3 재산을 주는 것이라면, 본문의 규례는 자식이 부모에게 마땅히 해 드려야 할 효도이다. 부모의 권위는 제5계명으로 사회적 최우선 인륜의 법이다(출 20:12, 신 5:16). 자기 부모의 권위를 업신여기고, 순종하지 않으면 자식 된 도리를 포기하는 망나니일 뿐이다.

불효자식은 ①완악(頑惡)하고 ②패역하고 ③불순종하고 ④주정뱅이다(20절). 그런 자식은 누룩처럼 모든 사람에게 불효의 해악을 끼치고 가정엔 평안함이 없다. 일벌백계(一罰百戒)로 다스려야 마땅하며 그전에 먼저 부모는 어떻게 행동했는지 유념해야 한다.

다섯째, 사형자의 시체 처리(22~23절)

이 시체는 좁게는 불효자로 사형받은 사체지만(21절), 넓게는 하나님의 계명과 율법을 어김으로 사형받은 자이다(17:12). 어떤 시체든지 해가 지기 전에 나무에서 내려 그날 매장하라는 말씀이다(22~23절). 그 이유는 ①이미 그 사람의 사악한 행위가 모든 사람에게 일벌백계로 교훈이 되었고 ②부정한 시체를 밤새도록 그대로 두면 하나님의 땅이 오염될 수 있고 ③구속사의 깊은 뜻이 있다.

살인자였던 사울(행 22:4)이 구속사 복음을 전하는 대(大) 사도 바울이 되었기 때문이다. 그가 바리새인의 사울이었을 때는 십자가에 못 박혀 죽은 죄인은 하나님의 저주받은 자였다. 그렇다면 십자가에 못 박혀 죽은 나사렛 예수도 하나님의 저주받은 자인데 어찌 그런 나사렛 이단의 우두머리(행 24:5)였던 자가 하나님의 아들로 유대인의 메시아가 될 수 있는가, 이는 선민 이스라엘을 미혹하는 사탄의 무리로 마땅히 사형시켜야 한다면서 대제사장의 사형권을 가지고 다메섹으로 가던 중에 부활하신 예수님을 만난 것이다(행 9:1~9, 22:3~21). 그 후 예루살렘에 올라가 사도 베드로를 만나서 15일을 같이 있으면서 예수님에 대한 구속사 진리 복음을 듣고 깊은 진리를 깨달은 것이다(갈 1:18).

예수님이 십자가에 못 박혀 죽으신 것은 자기 죄로 인한 죽으심이 아니라, 하나님이 이스라엘과 천하 만민을 구원시키려고 보내신 하나님의 어린양으로(요 1:29) 그들의 죄를 대속하기 위해 대신 죽으신(요 3:16~17, 요일 2:2) 구주셨다(요일 4:14). 이런 믿음의 확신이 사울에게 심어질 때 십자가는 자기에게 큰 영광과 자랑의 복음이었고, 구속사 복음을 위해 생명을 바치는 대 전도자 바울로 거듭나게 된 것이다(고전 9:16~23).

제 22강 유실물과 순결법

본문 : 신명기 22장, 출애굽기 23:4~5

가나안 땅에 입성한 이스라엘은 신정 정치 아래 사회적 공동체 생활을 어떻게 원만하게 할 수 있는가에 대한 말씀이다. 이것은 사랑의 공동체와 순결한 이웃 관계가 되어야한다. 이스라엘 모든 백성이 명령에 의해서라기보다 자기들 스스로 솔선수범해야 한다. 본 장의 내용은 ①유실물(1~12절) ②순결 규례(13~30절)이다.

첫째, 유실물(1~12절)

사람은 살면서 얻는 것만큼 잃어버리는 것도 상당하다. 모세 시대는 농경사회였기 때문에 농기구나 곡식, 가축 등을 유실했다. ①이웃이 잃은 것을 보거든 반드시 돌려주고, 자기 것을 찾으러 올 때까지 보관했다가 내 주어야 한다(소나 양, 나귀, 의복까지도, 1~3절). ②가축(소, 나귀, 양 등)이 넘어진 것을 보거든 반드시 임자를 도와서 일으켜 주라(4절)는 것이다(출 23:4~5). 사람도 길을 잃으면 도와주고, 배고파하면 비록 원수라도 선을 베풀어야 한다(잠 25:21, 롬 12:20). 하나님의 백성이라면 마땅히 그렇게 해야 하고, 그런 선행이 몸에 배어 스스로 행할 수 있어야 한다.

여자는 남자의 옷을, 남자는 여자의 옷을 입지 말 것은 하나님께 가증한 것이며(5절, 18:9~14), 하찮은 미물(微物)에게도 자비로움이 있어야 한다(6~7절). 어부도 치어(稚魚)는 잡지 않고, 성어(成魚)만 잡는 것도 같은 이유다.

이스라엘에서는 비가 귀하기 때문에 빗물을 받아 쓰려고 지붕을 평평하게 만든다(8절). 지붕은 ①기도의 장소로(행 10:9) ②곡식을 말리거나(수 2:6) ③거실로(삼하 11:2, 느 8:16) ④대화의 장소로(삼상 9:25~26) 사용하기도 한다.

둘째, 순결 규례(13~30절)

이 순결 규례에는 ①아내의 처녀성 문제(13~21절) ②간통의 문제가 있다(22~30절).

(1) 아내의 처녀성 문제(13~21절)

어떤 남편이 자기 아내의 순결을 의심할 경우, 아내의 부모가 그 성읍 장로들 앞에서 재판받는 규례를 말한다. 재판을 통해 아내의 순결 표적이 드러나면, 그 남편은 은 일백 세겔을 벌금으로 내고 일평생 자기 아내를 버릴 수 없다(13~19절). 그러나 자기 아내가 순결하지 못했나변 그 성읍 사람들이 아버지 집에서 돌로 쳐 죽여야 한다(20~21절).

참된 부부의 관계는 오직 순결뿐이다. 그러나 구약시대의 순결 제도가 완전하지 못하고 가부장적이어서 일방적으로 남자 편이다. 남편이 아내의 정조와 순결을 주장한다면 아내도 남편의 순결을 주장할 수 있어야 한다.

이스라엘의 쌍방적 완전한 순결은 예수님께서 최초로 말씀하셨다. 예수님께서는 남편에게만 이혼할 권리가 있는 것이 아니라 아내에게도 있어서, 아내가 허락하지 않으면 절대 이혼이 성립될 수 없다고 하셨다(마 19:3~12). 사도 바울도 부부의 성결을 강조했는데 남편도, 아내도 이혼할 수 없다고 부부의 동등권과 동일한 책임을 강조했다(엡 5:22~33).

아내의 순결뿐만 아니라 남편의 순결도 중요시하지 않으면 타락한 시대다. 인간의 모든 순결은 자신과 가정으로부터 시작돼야 한다. 그 첫 번째 순결이 무너지면 부패한 사회, 타락한 국가 · 민족이 되기 때문이다. 그리스도인의 순결은 영혼 구원에만 소용되는 것이 아니다. 누구든지 육체의 순결이 유지되지 않고는 진정한 정신적, 영적 순결을 뒀다고 할 수 없기 때문이다. 그리스도교의 구원이란 영과 육이 다 같이 구원되는 완전한 몸의 구원이다(고전 15:40~44).

(2) 간통의 문제(22~30절)

이 간통의 경우에는 ①유부녀와의 간통(22절) ②약혼한 여자가 다른 남자와 성읍 안에서 간통(23~24절) ③약혼녀를 어떤 남자가 들에서 성폭행(25~27절) ④처녀를 통간(28~29절) ⑤아버지의 후처를 범하지 말라는 내용이다. ①②의 경우에는 그들을 둘 다 성읍 문으로 끌어내 돌로 쳐 죽이라는 율법과 십계명의 명령이고 ③의 경우는 성폭행한 남자만 죽이고 ④의 경우는 두 사람 다 미혼이므로 죽이지는 않고, 남자는 은 50 세겔을 부모에게 결혼지참금으로 줘야 한다.

만약 처녀의 아버지가 결혼을 반대하면 50 세겔을 배상금(납폐금)으로 내야 한다.

'아버지의 아내를 취하여' (30절) 에서 '취한다(יִקַּח · 익카흐)' 는 것은 아버지가 죽은 후, 아비의 후처를 자기 아내로 삼는다는 것이다. 성경은 이를 엄격하게 금한다. 야곱의 첫째 아들 루우벤은 빌하와 간통하여 아버지 야곱의 저주를 받고 장자의 권한에서 밀려났고(창 49:3~4), 사도 바울은 이런 범죄자를 교회에서 출교하라고 했다(고전 5:1, 13절).

가나안 땅의 일곱 족속은 공공연하게 근친상간이 성행했다(레 18:6~8). 그래서 하나님께 멸족되는 원인이 된 것이다(창 15:16). 고대 아라비아에서는 아버지가 죽은 후에 후처와 첩들은 유산과 함께 아들에게 상속된다고 한다. 성경은 이 같은 일을 금한다(레 18, 20장).

◈ 혼합주의를 멀리하라 ◈

그리스도인이란 예수 그리스도의 골고다 십자가의 피로 죄 씻음 받고 거룩하고 순결해진 성도를 가리킨다(레 11:44, 19:2, 벧전 1:15~17, 계 7:14). 이 시대, ①세속에 혼합되지 않고(고후 6:14~7:1) ②이단 · 사이비를 따르는 자들과 타협해서는 안 되는데(갈 1:6~10), 하나님과 멀어지고 교회마저도 점점 세상과 짝을 이루고, 비 진리를 따르는 자들과 혼합주의로 나가고 있다.

예수님께서는 "좁은 문으로 들어가라 멸망으로 인도하는 문은 크고 그 길이 넓어 그리로 들어가는 자가 많고 생명으로 인도하는 문은 좁고 길이 협착하여 찾는 자가 적음이라" (마 7:13~14)고 하셨지만 혼합주의(混合主義 · Syncretism)와 세속주의자들은 관용적 이해심도 적고 마음도 좁은 '근본주의(Fundamentalism)' 라고 반박한다. 그러나 근본주의라는 어떤 냉대를 받아도 그 성경적 사상으로 하나님께 영광을 돌리고 그리스도인으로 주님을 기쁘시게 할 수 있다면 누가 뭐래도 성도의 길을 가야 한다. 우리가 경계하는 혼합주의는 무엇인가?

1. 혼합된 교훈을 멀리하라.

"네 포도원에 두 종자를 섞어 뿌리지 말라" (22:9)고 하셨다. 이것은 하나님께서 주신 창조의 원형을 변경하지 말고 그대로 보존하라는 것으로 ①하나님에 대한 신앙의 순수성과 ②구속사 계시의 진리 복음을 지키라는 말씀이다.

예수님께서는 흔히 말씀을 가리켜 '복음'이나 '씨'로 비유하셨다(마 13:19, 24절). 좋은 땅에 씨가 뿌려졌는데 가라지가 그 씨 위로 떨어져서 혼합되면 그 씨는 버려질 수 밖에 없다고 하셨다(마 13:24~30). 이 비유에서 옥토에 떨어진 씨는 '진리의 복음' 즉, 그리스도 구속사 계시의 진리를 가리킨다. 이 진리의 구속사 복음 위에 이방인의 문화적 풍속과 신념적 기복주의가 혼합돼 버리면 교회는 어찌 되겠는가? 구속사 진리 복음은 '다른 복음'(갈 1:6~10)과 혼동이 되고, 따라서 교회는 쇠퇴하게 된다. 현재 한국교회가 겪고 있는 실제 모습이다.

예레미야 때도 거짓 선지자의 '다른 복음'이 난무했다. 그래서 예레미야 선지자는 바벨론의 우상과 헬라의 혼합주의에 맞서 목숨을 걸고 투쟁했다(렘 20:7~10, 23장, 27:9~11 등). 절대 거룩하신 하나님의 말씀은 결코 세속주의 인간의 전통이나 사변 철학(思辨 哲學)과 혼합될 수 없다.

구속사 계시의 진리 복음은 순결하고, 완전하고, 충족하다(시 12:6). 그러나 인간은 구속사 진리가 아닌 세속주의와 문명 · 물질주의에 흡수되기 쉽다. 그래서 사도 바울은 "망령되고 허탄한 신화를 버리라"(딤전 4:7)고 하셨다. 구속사 진리 복음은 오직 하나의 복음, 골고다 십자가의 피 묻은 말씀만이다. 이 외의 것은 다른 복음이다.

2. 혼합된 삶을 금하라.

"너는 소와 나귀를 겨리 하여 갈지 말라" (22:10)고 하셨다. '겨리(יַחְדָּו · 야흐따우 · together)' 는 '둘이 함께하여' 라는 뜻이다. 그러므로 "너는 소와 나귀를 함께 사용하여 쟁기질 하지 말라" 는 것이다. 이것을 인본주의로 해석하면, "강한 짐승과 약한 짐승에게 쟁기를 얹음으로 약한 짐승을 괴롭히지 말라" 는 뜻이다. 그러나 구속사적 의미는 그리스도인과 세속주의는 함께 할 수 없다는 말씀이다.

어떤 면으로 보든지 소와 나귀는 한 멍에를 메고 쟁기질을 할 수 없다. 끌고 가는 힘도 다르고, 걸음도 다르고, 키도 다르기 때문이다. 그런데도 두 가축에 한 멍에를 메게 하여 쟁기질을 하면 밭고랑이 온전할 수 없다. 그리스도인은 세상 사람과 한 멍에 아래서 살 수 없다는 것을 가리킨다. 그리스도인은 하나님의 자녀로 하나님 말씀을 따라 살아야 하는데 불신자들은 어느 것도 신앙적으로 하는 것이 없기 때문이다.

소와 나귀가 한 멍에를 메고 쟁기질을 한다면 둘 중의 하나는 소가 되든지 아니면 나귀가 되든지 한쪽은 자기 신분을 포기해야 한다. 성도와 세상 사람들도 그렇다. 같은 삶을 살 수 없다. 같은 삶을 살려면 성도들이 불신자를 그리스도 안으로 끌어들여서 그리스도인의 신앙과 생활을 하는 신자로 만들어야 한다. 만약 그렇게 하지 못하면 한 멍에 안에 있을 수 없다.

성도는 그리스도 안에서 빛의 자녀로(갈 5:22~26, 엡 5:3~14) 살면서 세상의 본이 되어야 한다. 음식, 의복, 대화, 직장, 취미, 친구,

독서, 등 모든 것이 세상 사람과 달라야 한다. 가정에서도 작은 예수가 되어야 한다.

3. 혼합된 행위를 하지 말라.

"양털과 베 실로 짠 것을 입지 말지니라" (11절) 고 하셨다. 성경에서 흔히 옷은 영적 의미로 각 사람의 행위를 가리킨다(계 19:8). 특히 양털은 예수님의 의의 생활로 순결, 정직, 거룩하심을 가리킨다(단 7:9 계 1:14, 2:1~3, 3:4~5). 따라서 성도의 행위에 있어서 혼합주의 즉, 위선과 거짓을 탈피하라는 말씀이다.

금일 그리스도교를 중심으로 종교 통합 운동이 전개되고 있다. 명동 성당에서 일곱 종파가 모여 하나가 되자는 운동은 종교마다 ①신(神)사상으로 하나 될 수 있고 ②경전이 있고 ③구원될 수 있는 교리가 있으니 조금씩 양보하면(특히 기독교) 한국 종교는 하나가 될 수 있다는 것이다. 먼저 실존하시는 하나님을 참 신으로 모시고, 오직 성경만 하나님 계시의 언약과 예언이며, 예수 그리스도만 인류의 구세주, 한 분의 구속자로 안다면 얼마든지 모든 종교가 하나 될 수 있다.

그러나 그리스도교의 신이신 하나님 외에 종파마다 다른 신이 있고, 다른 종파의 경전도 성경과 같은 신적 계시가 있고, 예수님 외에도 다른 이름으로 구원이 된다면 우리는 다른 종파를 받을 수 없다. 받아서도 안 된다. 이 같은 혼합주의는 이 세상 우상 종교와 참 신이신 하나님의 종교를 혼합시키는 다원론 신사상이 되는 것이고, 하나님 계시 종교가 인본주의 종교로 추락하면서 그리스도의 구원이(행

4:12) 이성적 사상으로 변질하기 때문이다.

다른 어떤 종교에도 예수 그리스도의 구속사는 없다. 오직 구속사 하나님의 종교 외에는 없다. 그러므로 세상의 모든 종교가 독특하면서도 유일무이하신 그리스도만 인정하면 받아들일 수 있지만, 이것이 없으면 우리는 그 어떤 종단(宗團) · 종파(宗派)도 받을 수 없고, 또한 받아들여서도 안된다. 종교 혼합주의다.

제 23강 총회에 들어 올 수 없는 자

본문 : 신명기 23장

본문은 선민 이스라엘이 지켜야 할 각종 율법의 세부 조항을 제시하는 모세의 고별 설교 후반부(12~26장)로 주로 사회생활 관련 규례이다. 특히 본 장에는 이스라엘의 3가지 규례, ①총회에 들 수 없는 자(1~8절) ②진중 성결 규례(9~14절) ③기타 규례들(15~25절)이 나온다. 이렇게 계속(21~26장) 사회생활 규례가 나오는 것은, 선민이라면 누구든지 하나님의 법을 알지 못해 범죄 했다는 핑계를 대지 못함과 동시에 어떤 이방의 백성들보다 월등하게 만들기 위해서다. "주의 말씀은 내 발에 등이요 내 길에 빛이니이다" (시 119:105).

첫째, 총회에 들 수 없는 자(1~8절)

"여호와의 총회에 들어오지 못하리라" (1절) 는 것은 신약의 '교회(ἐκκλησία · 에클레시아)' 로 구약교회를 가리킨다(9:10, 10:4, 18:16). 여기서는 비단 교회뿐만 아니라 여호와 하나님의 이름으로 모이는 크고 작은 모든 집회에 들어오지 못하는 것이다.

(1) 생식기가 파상(破傷)된 자(1절)

자식을 두지 못하는 자는 하나님 창조의 번성을 거스르는 것이다.

(2) 사생자(2절)

이는 음란한 자식이기 때문에 십 대에 이르기까지도 여호와의 총회에 들어오지 못한다. 히브리어의 '깜(גַּם)'은 영원한 세월을 가리킨다.

(3) 암몬 사람과 모압 사람(3~6절)

이들은 영원히 여호와의 총회에 들어오지 못한다. 두 족속은 롯과 두 딸이 근친상간으로 이루어진 민족이다(창 19:30~38). 모압 왕 발락은 거짓 선지자 발람을 통해 이스라엘을 저주하려 했다(민 22~24장).

(4) 에돔 사람과 애굽 사람(7~8절)

이들은 3대 후에야 여호와의 총회에 들어 올 수 있었다. 에돔은 이스라엘의 형제 국가이고, 애굽은 구속사가 시작된 나라다(창 15:13~14). 이렇게 고환이 상한 자, 음경이 잘린 자, 사생자, 암몬과 모압 사람은 여호와의 총회 들어오기에 합당치 못한 자들이다.

이방인에게 없는 제도가 선민에게 있는 것은 ①하나님은 거룩하시므로 그 백성도 거룩해야 하며(레 11:44, 19:2) ②선민 이스라엘은 천하 만민의 제사장 나라이기 때문에(출 19:6) 입고, 먹고, 사는 것은 물론이고 그들 자신이 먼저 영육간에 부족함이 없어야 하고 ③보다 중요한 것은 언약의 땅 가나안에 이스라엘과 모든 민족을 구원하실 메시아께서 성탄 하실 것인데 메시아를 모신 이스라엘은 구속사의 민족으로 부끄럽지 않아야 하고, 다른 백성과도 흠 없는 교제가 이뤄져야 한다.

이는 신약시대를 사는 우리에게 큰 교훈을 주신다. 하나님의 거룩한 안식의 주일에 흠 없는 예배를 드리려면 육체적 · 영적으로 경건하고 거룩해야 한다. 엿새 동안은 몸의 예배를 드리고, 주일에는 영혼으로 예배를 드려야 한다. 그 같은 산 제사를 드리려면 정결하고, 청결하고, 순결해야 한다(롬 12:1~2, 엡 5:3~12). 암몬 · 모압과 같이 디럽고 추한 자들과 사귐을 가져서는 안 된다. 그들에게서 나와 그리스도의 빛 가운데서 행해야 한다(고후 6:14~7:1, 엡 5:8~14).

둘째, 진중(陳中) 성결 규례(9~14절)

이스라엘은 일상생활 중에 지켜야 할 성결 규례도 있지만(레 11:24, 민 5:1~4), 특별히 본문은 전쟁 마당, 진중에서 지켜야 할 정결 규례이다.

(1) 의로운 전쟁

종교 · 윤리적으로 모든 악을 떠나야(9절) 의로운 전쟁이 될 수 있다(잠 11:6, 19, 27, 13:6, 16:12 참조).

(2) 의식적 정결이 있어야 한다.

①몽설(夢泄)의 부정을 씻으라 ②몸을 정결케 하라 ③진영 밖에 변소를 두라 ④밖에서 대변을 볼 때 흙으로 덮어라. 이것은 이원론적 사상이 아니다. 하나님께서 육체와(창 1:27) 그 영혼도 함께 창조하심으로(창 2:7) 다 함께 거룩하게 하셨다. 그러므로 육체와 영혼을

분리하는 헬라의 이원론적(二元論的) 사상과 육체는 더럽고 영혼만 정결하기 때문에 육체의 죄에서 벗어나기 위해선 육체를 학대하는 고통이 있어야 한다는 영지주의(靈智主義 · Gnosticism)는 성경과 전혀 다르다.

먼저 영혼의 거룩함은 육체의 정결에서 나온다. 육신의 성결, 순결, 청순함으로 영혼이 거룩해진다. 그러므로 하나님께서는 적군을 치러 나가기 전에 먼저 육체의 정결부터 하라고 하신다(9~14절). 육체의 정결은 마음까지도 순화시킬 수 있다. 욕심 · 사심 없는 마음은 오직 국가와 민족만을 위하기 때문에 어떤 전쟁도 이길 수 있다.

이스라엘의 전쟁은 ①하나님의 영광과 오실 메시아의 구속사를 여는 이스라엘의 승리와 천하 만민을 구원하는 역사요 ②하나님이 주신 언약을 지킴으로 메시아의 초림과 재림을 준비하는 영원한 승리이다(미 5:2, 슥 14:4. 마 2:1, 행 1:11~12).

육체의 정결은 마음의 경건으로 탐심을 물리치는 하나님과 그리스도의 마음이기 때문에 반드시 승리한다. "그러므로 네 진영을 거룩히 하라 그리하면 네게서 불결한 것을 보시지 않으므로 너를 떠나지 아니하시리라" (14절).

셋째, 기타 규례들(15~25절)

①도망간 종에 대하여(15~16절) ②창기를 없앨 것(17~18절) ③이자를 받지 말 것(19~20절) ④서원에 대하여(21~23절) ⑤이웃의 포도원에 대하여(24~25절).

(1) 도망간 종에 대하여(15~16절)

고대 사회에서 주인과 종의 관계는 심각한 사회 문제였다. ①전쟁으로 포로가 되거나 ②빚으로 팔리거나 ③종의 자식으로 태어나면 종이 된다. 종이 주인의 학대를 견디다 못해 도망치다 붙잡히면 그를 죽이거나, 다리를 자르거나, 이마에 불 도장을 찍어 주인의 이름을 새겼다. 율법에는 종에게 관대하고, 형제처럼 여기라고 하였다(24:14, 레 25:39~40).

도망간 종은 이방인의 종으로(Calvin, Onkelos, K&D) 그의 주인에게 돌려주지 말고, 그가 원하는 성읍에서 편히 살게 해 주라는 것이다. 이 같은 하나님의 인애(仁愛) 법은 유엔 헌장에 포로를 학대하지 말고 자유를 주라 명시되어 있다(삼상 30:15).

(2) 창기를 없앨 것(17~18절)

'창기(קְדֵשָׁה · 궤데솨)' 는 '창녀(娼女)' 이고, '남창(קָדֵשׁ · 카데쉬)' 은 가나안 땅에서 우상 제사를 수종 드는 매음(賣淫) 행위자이다(왕상 14:24, 15:12, 22:46, 왕하 23:7, 욥 36:14, 호 4:14, 등). 이들이 이스라엘에 들어 온 것이다.

'개 같은 자의 소득' (18절) 은 '창기' 와 '남창(미동)' 이 성전에 드리는 봉헌은 받지 말라는 것이다. '여호와께 가증한 것' (18:12, 22:5, 25:16 등)이 되기 때문이다.

(3) 이자를 받지 말 것(19~20절)

타국인에게는 돈을 빌려주고 이자를 받아도 되지만 이스라엘 형제에게는 받지 말라는 것이다(출 22:25, 레 25:35~38). 이스라엘 동족은 그 본전도 안식년이 되면 탕감해야 했다(15:1~2). 예수님께서는 돈을 빌려줄 때 받기를 바라지 말고 그냥 주라고 하셨으니(눅 6:34~35), 있는 자의 것은 가난한 자에게 주라고 맡기신 것이다.

(4) 서원에 대하여(21~23절)

'서원(נֵדֶר · 네데르 · vow)' 이란 하나님께 무엇을 구하고, 그것이 이루어지면 무엇을 드리겠다는 일종의 계약이다. 서원하는 것은 자유나 그대로 되면 반드시 의무를 이행해야 한다(레 27:2, 민 30:2). 이행하지 않으면 죄가 된다(전 5:4~6). 야곱이 서원하고(창 28:20~22) 수십 년 동안 지키지 않아서 세겜에서 환난의 큰 고통을 당했다(창 34~35장 참조).

(5) 이웃의 포도원에 대하여(24~25절)

이웃의 포도원에 들어갈 때 마음껏 먹을 수 있으나 그릇에 담지는 말고, 이웃의 곡식 밭에서 손으로 이삭을 따도 되지만 낫을 대지는 말아야 한다. 배고픈 자를 먹이는 인애, 남의 것을 훔치는 절도에 대한 규례이다. 신앙의 양심대로 해야 한다.

구속사 설교

◈ 총회에 들어오지 못할 자 ◈

이 세상 나라들 가운데 이스라엘은 단일 민족 국가이다. 그들의 첫 주상은 아브라함이요, 3대 조상 야곱 때부터 열두 지파로 나뉘었지만 그래도 단일 국가, 한 민족 인 것은 확실하다. 그렇다면 이스라엘 백성이라면 누구나 '여호와의 총회(בִּקְהַל יְהוָה · 삐크할 예호와)'에 참여하고 들어갈 자가 많을 것 같지만 거기에 참여하지 못할 자 즉, 참여시켜서는 안 될 자가 있다.

금일 그리스도인 중에도 교회는 다니지만, 구원받고 '여호와의 총회' 인 천국에 들어갈 자도 있고, 들어가지 못할 자, 들어가서는 안 될 자도 있기 때문에 본문에 깊은 관심을 두어야 한다. 나에 대한 말씀이다(23:1~8)

1. 성도의 구실을 못 하는 자

하나님께서 사람을 창조하실 때, '생육하고 번성하여 땅에 충만하게' (창 1:28) 하기 위해서 남자에게 생식기를 주셨다. 그런데 자식을 가질 수 있는 고환이 상하거나 음경이 잘리면(23:1) 남자의 구실을 할 수 없는 성적 불구자가 된 것이다. 이 사람은 ①하나님 창조의 뜻을 어기고, '생육하고 번성하여 땅에 충만하라' 는 섭리마저 저버린 죄인이다(창 1:27, 시 8:4~5). ②죄로 오염된 자다. 부모의 것을 받아 태어났으면 자녀를 생산하여 부모에게 진 빚을 갚아야 한다. 그런데 받기만 하고 생산할 수 없으니 부모님 은혜는 물론이고, 하나님의 창조 역사에 범죄자가 된 것이다. 어찌 자기 책임과 거룩한 사명을 다하지 못한 자가 '여호와의 총회' 에 참여할 수 있겠는가?

교회에도 교인과 성도, 두 가지 사람이 있다. 교인은 구속사 진리 복음을 듣고 나온 자다. 그래서 수년, 수십 년이 되었다. 그렇다면 이제 자기 책임과 사명을 감당하는 성도가 되어야 하지 않겠는가? 그런데 마치 고환과 음경이 없는 자처럼 도무지 성도가 되지 못하고, 교회만 나오는 교인이 된 것이다. 주일성수, 십일조도 못 하고 한사람 전도도 못 한다. 고환과 음경이 없는 자가 여호와의 총회에 참가하지 못한다면 성도의 구실을 못하는 자도 '그리스도의 나라' 천국에 들어가지 못한다.

2. 음행 · 음란에 빠진 자

'사생자(מַמְזֵר · 맘제르 · A bastard)' 는 ①이스라엘과 이방인 사이에 태어난 혼혈아 ②근친상간으로 출생한 자 ③창기나 남창(미동)의 자식일 수 있다. 불의한 혼인이나 부도덕한 성관계로 태어난 음행의 자식이다. 더럽고 불결한 자들은 여호와의 총회, 곧 하나님의 교회와 천국에 들어갈 수 없다. 골고다 십자가 피로 죄 용서된 신약시대 사람들은 믿음으로 깨끗하게 되어 정결하고 거룩함으로 그리스도의 나라에 참여하게 된다. 그러나 교회만 나오는 교인들은 믿음은커녕, 성도의 생활에도 미치지 못한다. 영적 사생자들이다.

세상과 사회가 물질적으로 풍성해지고, 문화적 삶을 누리게 되므로 음행과 음란은 더욱 팽배해졌다. 성도가 구원받으려면 영적 생활도 순결하고 거룩해야 하지만(레 11:44, 벧전 1:15~17), 육체적 삶도 물욕에 빠지거나 정욕에 치우쳐 음행 · 음란하면 '여호와의 총회', 그리스도의 왕국인 천국에 들어갈 수 없다. 예수 그리스도의 피로 깨끗이 씻어야 한다.

3. 구속사에 속하지 않은 자

암몬과 모압 사람은 가장 더럽고 불경(不經)한 자들이다. ①그들의 본거지는 유황불로 멸절된 소돔과 고모라다(창 19:1~28). ②그들의 조상인 롯과 두 딸 사이에 근친상간으로 만들어진 불결한 씨였다(창 19:30~38). 육체적으로 짐승보다 못한 자들이다(벧후 2:12). ③영적으로 메소포타미아 브돌 사람 발람을 은금으로 유혹하여 메시아의 백성 이스라엘을 저주하려 했던 것도 모압 자손이었다. 이 자손은 에돔이나 애굽 사람보다 저주를 더 받았는데 십 대뿐 아니라 영원히 여호와의 총회에 들어오지 못하게 된 것이다(23:3).

지금도 예수님의 구속사 진리 복음을 거스르거나 항거(抗拒)하는 자는 '그리스도의 총회' 에 참여할 수 없다. 하나님의 구속사를 거역했던 이스라엘 1세대는 40년을 방황하다 모두 소멸했다면(민 14:20~35), 이방인 우리에게 임할 그 형벌이 얼마나 무섭고 혹독하겠는가. 삼가 조심하고 또 깊이 새겨야 한다.

제 24강 공동체 생활의 규례

본문 : 신명기 24장, 마태복음 19:1~12

본 장은 이웃과 더불어 공동체 삶을 사는데 있어 지켜야 할 규례와 규범이다. ①이혼과 재혼(1~4절) ②사회 질서를 위한 규례(5~9절) ③이웃 사랑의 규례(10~22절) 등 한마디로 '공동체 사회 생활 규범' 이다.

첫째, 이혼과 재혼(1~4절)

고대 로마 시대는 오늘날 못지않게 이혼이 성행했고, 고대 근동 사회도 이미 이혼은 보편화한 풍습이었다. 종교 국가 이스라엘은 비록 로마나 고대 근동 같지는 않았으나 그래도 가부장적 제도 속에 이혼하는 사례가 있어 율법화되기까지 했다.

본문에 남편이 아내와 이혼하려는 이유는 '수치스러운 일이 있음을 발견' (1절) 했기 때문이다. '수치스러운 일(עֶרְוַת · 에르와트)'이란, '벗은 것' 으로 '불결한 것' (23:14, uncleanness)이다. 그러나 이것은 아내의 혼전 간음(22:24)이나 다른 성행위는 아닌 것 같다. 만약 그렇다면 그녀는 벌써 돌에 맞아 죽었기 때문이다(22:22).

그러면 무슨 사유인가? 유대교 자유 학파인 힐렐(Hillel)은 ①시부모에게 불효했거나 ②자식을 출산하지 못했거나 ③간음했거나 ④중병에 걸렸거나 ⑤형제간에 불화하거나 ⑤남편을 무시했거나 ⑥살림을 못 했거나 심지어 밥을 태웠거나 ⑦사치했거나 ⑧화를 자주 내도 이혼 사유가 되었다. 보수적인 학파 '샴마이(Shammai)' 는 간음한 일 외에는 이혼을 금지했다(Barclay, Lightfoot).

여기서 모세가 아내와 이혼하려면 '이혼증서(סֵפֶר כְּרִיתֻת · 쎄페르 케리투트)' 를 주라(1, 3절)고 한 것은 이혼의 폐단을 막기 위한 것으로 본다. 예수님께서도 "모세가 너희 마음의 완악함 때문에 아내 버림을 허락" (마 19:8)한 것뿐이지, "누구든지 음행한 이유 외에 아내를 버리고 다른데 장가드는 자는 간음함이니라" (마 19:9)고 하셨다. 이렇게 본처와 이혼하고 나서 이미 다른 남자와 결혼한 그 여자를 다시 자기 아내로 맞이할 수 없다. 이 일은 하나님 여호와께 가증한 일이기 때문이다(2~4절).

둘째, 사회 질서를 위한 규례(5~9절)

인간 사회란, 각기 다른 개성과 다양성을 지닌 사람들로 구성된 집단이다. 그래서 서로의 이해가 상충(相沖)되기도 하고, 서로 의견이 맞지 않아 싸우기도 한다. 정치는 이 같은 문제를 해결하는 것으로 사법부는 옳고 그른 것을 조정해 주는 법률적 기관이다.

(1) 백성의 권익을 보호해 주는 사법기관

①장가든 자는 가정을 위해 일 년 동안 군대 징집을 보류한다(5절). ②가난한 자의 생활 필수품을 전당(典當) 잡지 못하도록 한다(6절).

(2) 어떤 이유라도 유괴범은 사형시킨다.

"사람이 자기 형제 곧 이스라엘 자손 중 한 사람을 유인하여 종으로 삼거나 판 것이 발견되면 그 유인한 자를 죽일지니 이같이 하여 너희 중에서 악을 제할지니라" (7절).

(3) 나병, 혈루증환자

모든 백성의 공중위생을 위해 전염병자는 격리한다(8~9절). 이러한 정치·사법적 규례는 모든 사회의 권익과 안정된 질서 속에서 평안을 누리도록 하기 위한 공중의 사회적 법규였다. 예수님은 천국 복음뿐만 아니라 사회를 위해 희생하고 헌신하는 본이 되어야 할 것을 주지(主旨)시켰다. ①세상에 모범이 되고(마 5:13~16) ②납세에 앞장서고(마 17:24~27) ③남편과 아내가 화목하며(마 19:3~12) ④자기 부모에게 불효해서는 안 된다(마 15:3~9, 막 7:10~13). 예수님의 말씀처럼 먼저 그리스도인들이 이 세상을 그리스도가 계시는 하나님 나라로 만들어야 한다(마 6:9~10).

셋째, 이웃 사랑의 규례(10~22절)

아담의 원죄가 있기 전의 인간은 하나님과 교제하며 그분의 은혜와 사랑 안에서 평등하고 공평한 부요(富饒)를 누릴 수 있었다. 그러나 원죄가 인간 속에 자리 잡게 되면서 탐심·탐욕이 생김으로 불공정, 불평등하게 되었다. 가진 자와 없는 자의 불균형이 생겼고, 빈익빈 부익부(貧益貧 富益富) 현상으로 가난한 자는 더 가난하게 된 것이다. 그럼 어떻게 해야 하는가? 그리스도의 인애 정신과 긍휼, 자비지심(慈悲之心)을 따라 그리스도인들은 힘이 미치는 대로 가난한 자를 돕고, 구제해야 한다(마 9:36~38, 15:32~38, 막 8:1~3). 본문에 나타난 이웃 사랑의 규례는 무엇인가.

(1) 전당물

가난한 자에게 무엇을 꾸어줄 때는 전당 물을 취하지 말고, 혹 미심쩍어서 전당을 잡혔어도 밤이 되기 전에는 전당 물을 돌려줘야 한다(10~13절). 주님께서는 "아무것도 바라지 말고 꾸어 주라" (눅 6:35)고 하셨다. 하나님의 아들이면 반드시 그렇게 해야 한다(13절).

(2) 품삯

가난한 품꾼의 품삯은 당일에 주고 미루지 않아서 굶주리지 않게 해야 한다(14~15절).

(3) 판결

송사 규정은 연좌제(緣坐制 · 대한민국 헌법 제 13조 3항 '모든 국민은 자기의 행위가 아닌 친족의 행위로 인하여 불이익한 처우를 받지 아니한다')가 돼서도(16절), 불공평한 판결이 돼서도 안 된다. "가난한 자를 조롱하는 자는 그를 지으신 주를 멸시하는 자요" (잠 17:5). 하나님을 노엽게 하는 일이다.

(4) 객과 고아와 과부를 위하여

가진 자는 항상 ①논이나 밭에서 ②감람나무 · 포도원에서 수확할 때 가난한 자, 나그네, 고아, 과부를 위해서 남겨두어야 한다(17~21절). 이렇게 하는 것은 예수님께서 오시는 구속사 언약의 땅은 천국의 모형으로 천국은 하나님이 소유권자시고, 모든 성도의 것이며, 내 것이 없기 때문이다(계 21~22장). 초대 예루살렘교회는 언약의 땅 가나안에서 이뤄질 천국의 모형이었다(행 2:43~47, 4:32~35). "자기 재물을 조금이라도 자기 것이라 하는 이가 하나도 없더라" (행 4:32).

◈ 그리스도인의 경제 생활 ◈

하나님께서 인간을 향하신 본래의 뜻은 자기의 형상과 모양으로 지어진 최고의 창조물로 '생육하고 번성하여 땅에 충만' (창 1:28)한 삶이었다. 그러나 최초의 인간 아담이 하나님의 행위계약(창 2:17)을 어기고 탐심(창 3:5~6)과 탐욕(창 3:17)을 부려 부패하고 타락한 결과 인간의 자기 소유가 생기면서(창 3:18~19) 가진 자와 못 가진 자, 있는 자와 없는 자의 불균형이 생긴 것이다. 원죄로 타락한 인간의 속성은 탐심과 탐욕 때문에 물질이 부유(富裕)한 자는 없는 자를 냉대(冷待)하고, 또 없는 자는 불행하다 하기에 소외된 자들의 탄식(歎息)이 도처에서 들려온다(시 12:5, 애 1:1).

이와 같은 인간 생존의 터전에서 모세는 하나님의 명을 받아 선민 이스라엘은 가난한 자를 어떻게 대해야 하는 가를 일러준다. 더구나 이스라엘은 같은 하나님의 백성이요, 아브라함의 자손, 한 형제들이다. 그렇다면 이 세상 어느 이방인보다 더 민족적 형제 사랑이 두터워야 할 것이다. 더구나 메시아께서 자기 형제를 구원하시려고 언약의 땅 가나안에 오시지 않았는가. 선민 이스라엘은 천하 만민의 장자(출 4:22)와 대제사장(출 19:6) 사명을 감당해야 한다.

1. 형제의 생존권을 보호해야 한다.

하나님께서 선민 이스라엘의 가정을 얼마나 소중히 여기셨으면 장가 간 새신랑을 일 년간 군대에 소집시키지 말고(5절), 가난한 집의 “맷돌이나 그 위짝을 전당 잡지 말라”(6절) 고 하셨겠는가. 새신랑한 사람이 군대 가지 않는 대신 다른 군사들이 하나님을 믿고 전쟁에서 이길 수 있고, 그당시 가난한 집에선 밀이나 보리를 ‘맷돌’에 넣고 갈아서 가루로 죽을 쒀먹기 때문에 맷돌이 없으면 당장 굶어야 한다. 따라서 맷돌을 담보물로 잡는 것은 가혹한 일이다. 가난한 자 없이 부자만 살 수 없다. 부자 집에서 일하고 농사지어 주지 않으면 부자라도 무엇을 먹고 살 것인가. 예수님께서는 부자의 몰지각한 행동을 질책하셨다. “오늘 밤 네 영혼을 하나님이 불러 가시면 네 재산이 누구의 것이 되겠느냐”(눅 12:16~21).

2. 이웃에게 사랑과 자비를 베풀어야 한다.

하나님께서 이 땅에 가난한 자를 두신 것은 부유한 자가 도와서 선행의 공로가 있게 하기 위해서다(15:11). 하나님은 누누이 가난한 자들을 챙겨서 굶주리지 않게 하라고 하셨다(15:1~18). 본문에서도 무엇을 이웃에게 꾸어줄 때 전당 물을 잡았어도 해가 지기 전까지 돌려주라고 하셨다(10~13절). 전당 물로 잡은 게 이불이나 옷이라면 가난한 자는 덮을 것도 없어 그 밤을 떨며 지새워야 한다(Barclay, Lightfoot).

예수님의 자비와 긍휼, 선행과 의로우심은 언제나 가난하고 배고픈 자들에게 머물러 계셨다(마 9:35~38, 15:32~38, 막 8:1~3). 목회자는 예수님 같은 어진 마음을 반드시 배우고 가져야 한다.

3. 정당한 대가로 갚아야 한다.

현시대는 날이 갈수록 있는 자와 가진 자들의 횡포와 이윤 추구로 인해 약하고 가난한 자들의 노동력이 착취당하고 있다. 그들의 탄식이 하나님 귀에 들리고 있다(출 2:23, 시 12:5). 아르바이트하며 고학하는 학생들의 노동 임금마저도 떼먹고 정당하게 지불하지 않는 잔인한 고용주도 있다. 경제적 이윤을 내는 것도 사회적 윤리와 도덕을 지키는 가운데 이뤄져야지 그렇지 못하면 이 사회의 경제는 비윤리·부도덕하여 결국은 멸망에 이르고 만다.

일을 시킨 만큼 정당한 대가로 갚아 줄 때 정의로운 사회, 정직한 경제 윤리 속에 기업은 살고, 국가 경제는 융성하여 강병부국(强兵富國)이 된다. 하나님은 기업주에게 손해를 보면서까지 노동자, 품꾼에게 품삯을 주라고 하시지 않는다(14~15절). 다만 근로의 질서를 세우고, 기업가의 당연한 기업 윤리를 실행하라는 것이다. 그리할 때 그 기업과 국가와 경제는 반드시 번성하여 정의로운 사회가 되고 하나님의 도움을 얻게 된다(암 5:24, 미 6:6~8). "여호와께서 네게 구하시는 것은 오직 정의를 행하며 인자를 사랑하며 겸손하게 네 하나님과 함께 행하는 것이 아니냐" (미 6:8).

제 25강 공정성에 관한 규례

본문 : 신명기 25장

지금까지의 규례들(19~24장)은 출애굽기부터 신명기까지 내용이 반복되거나 발전 · 확대된 것이다. 본 장은 이스라엘의 사회생활에 대한 규례와 법도가 마무리되고 있다. 다만 본 장의 규례는 비단 이스라엘에만 있는 법률이 아니고 이미 고대 근동 사회에 편만했던 사회생활의 한 관습이라 할 수 있다. 내용은 ①태장의 한도(1~3절) ②소에게 망을 씌우지 말라(4절) ③계대 양자법(5~10절) ④법을 어긴 아내의 처벌(11~12절) ⑤공정한 상거래(13~16절) ⑥아말렉 족속을 섬멸할 것(17~19절) 등이다.

첫째, 태장의 한도(1~3절)

어느 사회나 사람들의 시빗거리가 생기게 마련이다. 시비가 생겨서 재판을 청하면 재판장은 2~3명의 증인을 세워 놓고(19:15) 공정한 판결을 해야 한다. 만약 증인이 위증하면 그가 거짓으로 증언한 대로 그대로 갚아주며(19:16~20), 범죄가 드러나서 태형이 합당하면 태장으로 치는데 40대까지는 치되 그 이상은 안 된다. 이는 죄인에게 ①회개할 기회를 주고 ②인권을 보장하며 ③그것을 보는 청중에게 교훈이 되기 위해서다.

그러나 예수님께서는 부패하고 타락한 재판장을 만나서 부정한 판결을 받으셨고, 인격 모독은 물론 매질과 린치(lynch)를 당하셨다(마 27:27~31, 막 14:64~65, 15:16~20, 요 19:1~3 등). 사도 바울도 '나사렛 이단의 우두머리' 라는 누명을 쓰고(행 24:1~9) 가는 곳마다 핍박을 받고 맞았는데 "사십에 하나 감한 매를 다섯 번이나 맞았으며 세 번 태장으로 맞고 한 번 돌로 맞았다" (고후 11:24~25). 예수님이나 바울이 모세의 율법에 따라 징계를 받고 매를 맞은 것은(25:1~3) 타락한 대제사장에게서다. 종교가 부패하고 타락하면 모세의 법도 무용지물(無用之物)이다.

둘째, 소에게 망을 씌우지 말라(4절)

자기가 힘쓰고 노력한 만큼 대가를 받을 수 있다. 원 뜻은 소를 가리키는 것보다 일반적으로 모든 사람의 수고 대가를 반드시 지불해야 한다는 근로법의 말씀이다. 목회에 전념하는 교역자(사역자)에게 교회에서 정한 생활비를 여수(如數)히 드려야 하는 제도다(고전 9:9~14).

셋째, 계대 양자법(5~10절)

우리나라에서는 친형제의 아들을 양자로 삼지만, 고대 근동 지방에서는 아들이 없이 죽은 형제의 아내를 다른 형제가 아내로 삼아 가문과 기업을 이을 수 있도록 아들을 낳아 주는 것을(5~6절) '계대결혼법' 또는 '레비레이트 혼인(Levirate marriage)' 이라고 한다. 이스라엘에서는 일반적으로 고대 근동의 '레비레이트' 를 형수와 시동생 간의 결혼으로 죽은 형님의 대를 잇게 하는 것이었다. 만약 형제가 없으면 죽은 남편과 가장 가까운 친척(일가)이라도 해야 한다. 만약 형제나(창 38:1~30) 친척 중에 계대 결혼제도를 이행하지 않으면 큰 치욕을 당해야 했다(9절).

이는 다음과 같은 효과가 있다. ①죽은 자의 계대 · 계보를 잇게 해 주며 ②그 지파의 경계표(지계표)를 다른 지파에 넘겨주지 않아도 되며(19:14, 잠 22:28) ③과부가 된 형수에게 아들이 생기게 된다. 예수님께선 계대결혼법에 무지했던 사두개인들과 그 시대 사람들을 깨우쳐 주셨다(마 22:23~33).

넷째, 법을 어긴 아내의 처벌(11~12절)

두 사람이 서로 싸울 때 자기 남편을 구하려고 상대편 남자의 음낭을 손상한 여자의 손은 찍어 버리라는 규례이다. 품행이 바르지 못한 여인이다. 그 시대는 남녀의 유별(有別)이 심한데(마 14:21, 15:38) 남자들 사이에 끼어들어 한 짓을 공회(장로회)에서 불러내 엄한 벌을 가해야 한다. 만약 불경한 여자의 손에 남자의 음낭이 손상되어 자녀를 낳지 못하게 되면 어찌할 것인가? "네 눈이 그를 불쌍히 여기지 말지니라" (12절) 는 것은 남의 가정을 파탄 낸 이 여자에게 손을 찍는 형벌뿐 아니라 그 이상의 중형도 가할 수 있다는 것이다.

다섯째, 공정한 상거래(13~16절)

이웃 간 상거래에서 공정한 저울추와 온전한 되를 두어 공평한 상거래를 하라는 말씀이다(레 19:35~36). 온전하고 공정한 저울추와 되를 두지 않으면 한 신앙의 공동체가 불신과 미움, 혼란과 무질서로 결국은 국론(國論)이 무너지고 만다. 이런 일을 행하는 자는 하나님 앞에서 매우 가증한 일이다.

오늘날 경제적 상거래는 자신의 이익과 탐욕만을 위해서 양심을 속이고, 이웃을 기만하는 도량형기(度量衡器)가 넘쳐난다. 이는 하나님이 미워하시는 비도덕적인 상거래일 뿐이다(잠 11:1, 16:11, 20:10, 23절). 아모스 시대, 부유한 자들이 지배층과 결탁하여 가난하고 힘없는 자들을 압박하며, 공정하지 못한 상거래로 착취했으니(암 2:6~8, 3:9, 4:1, 5:11~15, 8:1~10), 이로 말미암아 하나님은 부유한 자와 권세 있는 자들에 크게 진노하셨다(암 8:3~10, 9:1~4).

여섯째, 아말렉족을 섬멸하라(17~19절)

하나님께서는 이스라엘이 가나안에 정착했을 때 원수의 나라였던 아말렉족을 쳐서 반드시 섬멸하라고 하셨다(19절). 아말렉족은 에서의 아들 엘리바스와 첩 딤나가 낳은 자식이다(창 36:12, 16절). 이스라엘과는 원수지간으로 역사에 많이 등장해서 선민을 괴롭혔다(출 17:8~16, 삼상 14:47~48, 15장, 27:8~9, 28:18, 30:1~20, 삼하 8:11~12, 대상 4:43). 그중에서 가장 큰 사건은 아말렉족속의 아각 사람 함므다다의 아들 하만과 이스라엘 자손의 모르드개(에스더)와의 민족 간 싸움이다(에 3~10장). 하나님께서 가나안의 일곱 족속 다음으로 아말렉족속을 진멸하라 하신 것은 ①이스라엘이 출애굽 한지 한 달 남짓 되었을 때, 아말렉족속은 이스라엘의 뒤를 공격해서 부녀자와 어린아이, 노인들을 사로잡았다(25:18). ② '르비딤' 광야에 이른 이스라엘은 물이 없어 모세를 원망했고, 모세는 반석을 쳐서 물을 구했을 때, 아말렉족속은 그 틈을 노리고 침략했다. 그 때부터 하나님은 그들을 평생 원수로 삼으셨다(출 17장). ③바벨론이 이스라엘을 침략하고 나라를 빼앗을 때, 아말렉족속(에돔 자손)은 이스라엘의 뒤를 치며 함께 노략질을 했다(시 137:7, 오바댜 1). ④이스라엘 초대 왕 사울은 하나님께서 진멸하라는 아말렉 왕 아각을 살려주고, 하나님의 명령을 순종하지 않아서 결국 그 왕위를 다윗에게 빼앗기고 말았다(삼상 15:4~16:13). ⑤아말렉 후손이었던 하만으로 인해 유대 민족 전체가 진멸할 뻔했다(에 3~10장). 이스라엘의 철천지원수 아말렉족속을 다윗 왕은 계속 쳤고(삼상 27:8~9, 30:1~20), 히스기야 시대에는 그 남은 자를 쳤다(대상 4:41). 하나님의 대적이었기 때문이다.

◈ 공정한 저울추와 되 ◈

모세의 두 번째 설교(4:44~26:19)에는 주로 하나님께 대한 예배(제사)와 신앙에 대한 말씀으로 신약시대로 하면 구원에 대한 믿음의 교리라고 할 수 있다. 그러나 신명기 19장부터 25장까지는 생활에 관한 말씀이다. 신약성경으로 보면 믿음의 교리를 가지고 살아가는 가정, 사회생활의 실천행위다. 그러므로 전자는 언약의 땅 가나안에 들어와서 구속사로 오시는 그리스도를 믿음으로 온전히 구원받는 하나님 나라의 백성이 되어야 한다는 것이고, 후자는 예수님의 백성이 되었으니 하늘나라의 시민답게 살라는 것이다.

신명기 19장부터 25장은 메시아의 성탄으로 구원될 예수님의 백성들이 천국의 모형인 언약의 땅 가나안에서 어떻게 살아야 하는가, 하는 구속사의 실천적 삶의 기록이다. 이것은 마치 신약의 산상보훈(마 5~7장)이 예수님을 믿고 구원된 백성이 천국 백성으로 어떻게 생활할 것인가를 기록한 것과 같다. 그래서 신명기 24장은 '천국 시민의 공동체적 생활 규범' 에 대해 기록했고, 본 장은 '천국 시민의 공정성에 관한 규례' 를 말씀한다. 아무리 예수를 믿고 구원되었다 해도 그 믿음의 교리를 실천하는 생활로 뒷받침되지 않으면 그 구원은 거짓이다(마 7:15~23). 그렇다면 구속사의 구원 행위는 어떤 것인가(25:13~16).

1. 사람을 공평하게 대해야 한다.

그 사람이 예수님을 믿는 천국 백성이라면 사람들을 대할 때 누구에게나 공평해야 한다. 상거래도 공정한 저울추, 정직한 말과 되를 사용해야 한다. 신앙인이라 하면서 한 주머니에 두 종류의 크고 작은 저울추를 가지고 장사하면 어떤 사람이라고 하겠는가? 물건값을 잘 아는 사람에겐 맞는 저울추를 사용하고, 모르는 사람에겐 속이는 저울추를 사용한다면 과연 이런 사람을 구속사의 시민이라 인정할 수 있겠는가. 물건값이 문제가 아니라 사람을 공평하게 대하지 못했으니 외식 주의자요, 물건값을 속였으니 거짓 장사치이다.

언약의 땅 가나안은 메시아가 오실 천국의 모형이다. 예수님 구속사의 백성이 바르게 살지 못하면 그는 가나안의 실상인 천국에 들어가지 못한다. 정직하고 순결하게 살아야 한다.

모세는 신명기 4~18장에선 언약의 땅 가나안에 이르는 믿음의 교리에 관해 썼고, 19~26장에선 그 구원된 믿음의 교리로 언약의 땅에서 살아야 할 생활의 실천에 관해 쓰고 있다. 이 두 가지가 되지 못하면 아무리 천국의 관문인 가나안에 들어왔어도 그는 가나안의 실상인 예수님의 왕국에는 들어가지 못하는 것이다(히 3:12~19).

이 시대에도 가나안 땅과 같은 천국의 모형이 있다. 바로 신약의 교회다(히 4:8~13). 언약의 땅 가나안에 들어 온 선민 이스라엘은 누구나 천국의 관문에 도달한 것처럼, 신약의 교회에 들어 온 자도 천국 문 앞에 이르렀다. 그렇다면 믿음의 교리와 생활의 실천이 그리스도의 구속사에 합당해야 한다. 그래서 예수님은 천국 시민의 실천적 삶으로 산상보훈(마 5~7장)을 가르치셨고, 모세는 선민의 실천적 삶을 신명기 19~26장을 통해 가르친 것이다.

2. 상거래가 공정해야 한다.

"네 집에 두 종류의 되 곧 큰 것과 작은 것을 두지 말 것이요(14절)" 라고 했다. '되' 로 곡식의 양을 속이지 말라는 것이나. 같은 양의 곡식을 샀는데 무엇 때문에 큰 되, 작은 되가 필요하냐는 것이다. 되가 차고 넘치면 '말' 을 준비하면 된다. 그래서 15절에 "오직 온전하고 공정한 저울추를 두며 온전하고 공정한 되를 둘 것이라" 고 했다. 모세 시대는 대부분 빈궁한 사람들이었다. 곡식을 저울추로 달고, 되로 되어서 판다는 건 극빈한 것을 가리킨다. 주머니에 두 종류의 저울추를 넣고 있거나, 집에 큰되, 작은 되를 갖고 있다는 건 곡식으로 궁핍한 자를 속인다는 증거다.

가나안은 어떤 곳인가? 구속사로 계시된 메시아가 오셔서 자기 백성을 실상의 천국으로 데려가시는 곳이다. 다 함께 천국에서 영원히 살아야 할 형제끼리 곡식으로 가난한 자의 생명을 빼앗는다면 어찌 그런 자가 하나님 나라의 백성일 수 있겠는가.

신약의 교회도 언약의 땅 가나안이다. 교회를 떠나선 구원도 천국도 없다. 예수님의 나라에 들어가서 예수님의 성도들과 영원히 살겠다고 교회 나오는 교인이 물질적 탐심과 탐욕으로 형제를 속인다면 그런 자는 천국과 너무도 먼 곳에 있다. 초대 예루살렘 교회가 하나님 나라, 그리스도의 왕국과 가장 가까운 곳에 있다는 것은 신앙적 교리와 생활적 실천이 하나가 되었기 때문이다(행 2:43~47, 4:32~35).

3. 하나님 앞에서 의로워야 한다.

하나님께서는 "오직 온전하고 공정한 저울추를 두며 온전하고 공정한 되를 두는 자" 는 가나안 땅에서 "네 날이 길리라" (15절) 고 하셨지만, 그러나 저울추와 곡식 되를 가지고 "악을 행하는 모든 자는 네 하나님 여호와께 가증" 하다고 하시며 하나님 나라에 들어가는 것도 제외한 것이다(16절).

선민 이스라엘은 그 근본부터가 하나님의 백성이요, 구속사의 신민(神民)이다. 그런데도 모세가 믿음의 교리와 실천적 생활에 대해 낱낱이 기록한 것은 하나님의 공의를 위해서다. 하나님의 공의를 바로 세워 드리는 것은 자기중심에서 생각하지 않는 역지사지(易地思之)다. ①저울추와 되로 남을 속이기 전에 내가 속으면 어찌할 것인가. ②지금 하나님께서 공의로 내 행동을 보신다면 나를 어떻게 판단할 것인가. 하나님의 입장에서 나를 평가해야 한다(15~16절).

다윗이 자기 입장에서 볼 때 왕의 권세를 가지고 백성 하나쯤 죽이고 그의 아내를 빼앗는 건 큰 문제도 아니다. 그러나 모든 충성을 다했던 우리아로서는 자기와 아내는 가난한 농부가 지극히 아끼고 사랑했던 암양이다(삼하 12:3~4). 그리고 공의로우신 하나님 앞에서 다윗은 그럴 수 있는 왕의 권세가 아니다. "다윗의 행한 그 일이 여호와 보시기에 악하였더라" (삼하 11:27)고 하셨다. 다윗은 그 일로 하나님의 심판을 받는다.

아무리 천국 가는 길이 언약의 땅 가나안에 있고, 신약의 성도에게 약속이 되어 있어도(히 4:6~11) 신앙의 행위가 공정한 저울추와 되에 합당하지 못하면 천국 양식은 결코 먹을 수 없다(계 21:6~8 참조).

제 26강 첫 소산과 십일조

본문 : 신명기 26장, 14:28~29, 민수기 18:21~29

본 장은 모세의 두 번째 설교(4:44~26:19)의 마지막 부분이다. 내용은 ①첫 산물의 봉헌(1~11절) ②제3년의 십일조 규례(12~15절) ③두 번째 설교 마감(16~19절)이다. 첫 산물을 하나님께 봉헌하는 것이 '하나님을 사랑하는 것' 이라면, 제3년의 십일조를 레위인과 객과 고아와 과부에게 주는 것은(12~13절) '사람을 사랑하는 것' 이다. 예수님께서 십계명의 정신은 첫째, 마음과 목숨과 뜻을 다하여 하나님을 사랑하는 것이고, 둘째, 네 이웃을 네 자신 같이 사랑하는 것이라고 하셨다(마 22:34~40). 십계명의 규례와 모든 율법의 법규를 하나님 사랑과 이웃 사랑으로 지키고 실천할 때 비로소 하나님의 보배로운 백성이 되어 천국을 소유하는 것이다(16~19절).

첫째, 첫 산물의 봉헌(1~11절)

이스라엘이 가나안 땅에 들어가서 자기들이 농사지은 첫 소산물을 하나님께 드릴 수 있는 것은 거의 100여 년만이다. 비로소 내 땅, 내 소유지에서 농사지은 첫 곡식을 하나님께 드리는 것이니 만감이 교차하는 것이다. 소산의 맏물을 하나님께 드린다는 것은 ①하나님만 천지 만물의 주재자이심과 ②하나님이 우주 만물과 삼라만상 가운데 가장 으뜸이신 것과 ③그러므로 제일 먼저, 가장 좋은 것으로 하나님께 ④감사와 존귀와 찬양과 영광을 드린다는 뜻이다(출 22:29, 레 23:10~14, 민 18:12~13).

5~11절에는 첫 산물의 봉헌과 함께 감사 · 찬미를 드리면서 하나님께 헌사(獻詞 · dedication)한다. 그 내용은 ①430년 동안 애굽에서 종살이 했으며(5~6절) ②하나님이 이스라엘을 출애굽 시키시고, 언약의 땅 가나안을 주셨고(7~9절) ③그러므로 내게 주신 소산의 맏물은 하나님께서 우리에게 주신 것(10~11절)이라고 고백한다.

둘째, 제3년의 십일조 규례(12~15절)

제3년의 십일조는 중앙 성소(예루살렘 성전)로 가져가지 않고, 각 성읍에 저축해 두었다가 레위인과 객과 고아와 과부에게 나눠주는 구제용 십일조이다. '셋째 해 곧 십일조를 드리는 해' (12절) 란 안식년을 기준으로 3년, 6년을 가리킨다. 그런데 제3의 십일조 역시 첫 소산의 만물을 하나님께 드리면서 신앙고백으로 헌사 하듯 이때도, ①레위인과 객과 고아와 과부에게 줄 십일조를 떼먹지 않았다는 양심 고백과(13~14절) ②3년마다 그렇게 될 수 있는 복을 달라고 기도한다(15절).

십일조를 구약적 개념으로만 여기는 것은 온당치 않다. 십일조를 바르게 사용할 책임이 교회에 있고, 교회에 십일조 하는 것은 성도의 당연한 의무다. 예수님께서도 십일조를 하셨고(마 17:24~27, 23:23), 또한 가르치셨다(눅 11:42).

셋째, 두 번째 설교 마감(16~19절)

모세의 첫 번째 설교(1:1~4:43)가 '하나님의 역사적인 구원의 회고' 라면 두 번째 설교(4:44~26:19)는 '둘째 율법에 대한 내용' 으로 본서의 중심이다. 본문(16~19절)은 본서의 요약이라 해도 무방하다. 이스라엘은 이제까지 말씀하신 십계명의 규례와 율법의 법도를 잘 명심하고 지켜 행하면서(16절) 마음과 뜻을 다해 여호와 하나님을 사랑하고, 그 도를 행한다면(17절) 다음과 같은 복을 주신다. ①하나님의 가장 보배로운 백성이 되게 하시고(18절 a) ②이스라엘만 계명의 규례와 율법의 법도가 있는 백성이 되게 하시고(18절 b) ③모든 민족 위에 뛰어나게 하시고(19절 a) ④하나님의 성민(聖民)이 되게 하실 것이다(19절 b).

이 복은 그냥 되는 것이 아니라 기록된 십계명의 규례와 율법의 법도를 잘 지키고 행하는 데 있다. 이 축복은 구약시대 히브리 민족, 이스라엘에만 국한(局限)되었으나 구속사 구원을 이루시기 위해 천하 만민 가운데 오신 주님이시기 때문에 누구든지 믿고 그대로 행하면 이 복이 따른다는 것이다.

구속사 설교

◈ 예배자의 참된 자세 ◈

이스라엘 백성이 언약의 땅 가나안에서 얻은 곡식의 맏물을 하나님께 드리며 감사 예배를 드렸다면 신약의 성도에게도 예배의 교훈을 준다. 예배자의 참된 자세는?

1. 정성껏 예물을 준비해야 한다(26:2~4)

창세기의 예배 중에 가인과 아벨은 똑같이 하나님께 제사(예배) 지냈다. 아벨이 드린 양의 첫 새끼와 그 기름은 메시아 속죄의 보혈을 의미하는 것으로 하나님께선 그의 제사를 받으셨다. 그러나 가인과 그의 제물은 받지 않으셨다. 가인의 제사는 몹시 분했고, 죄의 소원이 가득한 준비되지 못한 예배였다(창 4:3~7, 히 11:4). 하나님은 예배의 제물보다 드리는 자의 마음의 정성을 보신다(암 5:21~24, 미 6:6~8).

2. 하나님 은혜에 감사해야 한다(26:3, 8~9절)

이스라엘은 모든 소산의 맏물을 드리면서 그동안 받았던 하나님의 지극하신 은혜를 고백하며 예배드렸다. 우리는 도무지 속죄받을 수 없는 죄인인데 그리스도께서 무조건 골고다 십자가의 피로 나의 죄를 사해 주신 것을 생각하면 그 은혜에 내 목숨이라도 드릴 수 있다.

부모님을 섬기는 마음도 그 은혜를 깨닫는 만큼 효행은 달라진다.

3. 스스로 낮아져야 한다(26:5~7)

이스라엘의 힘만으로는 애굽의 사슬에서 영원히 벗어날 수 없다. 하나님께서 3대 족장에게 언약하신 대로 400년 만에 애굽의 노예에서 해방해 주셨고, 에덴동산같이 풍요로운 낙원, 젖과 꿀이 흐르는 생명의 땅 가나안으로 인도해 주셨다. 어찌 이것이 이스라엘 백성의 힘과 노력, '할 수 있다' 는 꿈만으로 될 수 있겠는가? 우리가 하나님의 자녀가 되고, 그리스도 구속사의 백성이 된 것이 나의 노력과 힘과 선행의 공로와 꿈만으로 되었다고 할 수 있겠는가? 생각할수록 감사하여 스스로 낮아지고 겸손해진다.

4. 모든 것을 드려야 한다(26:10~11)

430년 만에 출애굽 한 이스라엘은 광야에서 40년간 방황하며 고난의 세월을 살다가 드디어 하나님께서 언약하신 가나안 땅에서 거둔 모든 소산의 맏물을 하나님께 드리면서 예배할 때, 정말 감사하고 영광스러웠다. 따라서 소산의 맏물뿐만 아니라 내가 가진 모든 것을 다 드려도 아깝지 않은 것이다. 하나님께서 우리에게 주신 것이니 받은 것으로 다시 드릴 수 있으니 감사할 뿐이다(대상 29:11~14). "모든 것이 주께로 말미암았사오니 우리가 주의 손에서 받은 것으로 주께 드렸을 뿐이니이다" (대상 29:14).

◈ 보배로운 백성 ◈

하나님께서는 이스라엘 백성들이 모든 계명의 규례와 율법의 법도를 지키기만 하면 하나님의 보배로운 백성으로 삼아주시고, 모든 민족위에 뛰어나게 하시고, 하나님 여호와의 성민(聖民)이 되게 하신다(26:16~19). 또한 예수 그리스도 안에서 하나님의 말씀대로 행하며 사는 신약의 성도를 가리키는 말씀이다(롬 8:31~39). 하나님의 보배로운 성민이 된다는 것은 무엇인가?

1. 창세 전에 택하신 백성이다.

인간은 본래 하나님(예수 그리스도)의 형상과 모양으로 창조된 존귀하고 영광스러운 존재였다. 그러나 아담의 타락으로 이 영화롭고 존귀한 모습을 모두 잃어버렸을 때는 피조물 중에 가장 악하고 거짓되고 심히 부패한 모습이었다(렘 17:9). 하나님께서 자기 아들을 세상에 보내시고 구원하여 선택하실 때는 모든 피조물 가운데 가장 존귀하고 영광스러운 하나님의 자녀, 그리스도의 신령한 백성이 되게 하신 것이다(엡 1:3~6, 2:6~7). 이스라엘 백성이 천하 만민 가운데 가장 존귀하게 된 것은 하나님께서 아브라함을 선택하셔서 구속사를 성취하실 메시아의 조상으로 삼으셨고, 이스라엘은 선택된 아브라함의 자손이기 때문이다.

2. 그리스도의 피로 속죄함을 받았다.

성전 밖에 있는 것은 다 속물(俗物)이다. 그러나 그 속물도 성막 · 성전에서 사용하기 위해 피로 씻어내고 닦으면 하나님이 받으시는 거룩한 성물(聖物)이 된다. 아무리 창세 전에 하나님의 선택된 사람이라도 주 예수 그리스도의 피로 죄 용서받지 않으면 그 역시 죄인일 뿐이다. 하나님께 택정(擇定)된 자는 누구나 주 예수님의 골고다 십자가의 피로 죄 씻음을 받게 된다(행 20:28, 엡 1:7~10, 벧전 1:19). 이렇게 예수님의 피로 속죄되어 하나님의 자녀가 된 성도는 누구도 '죄인이다' '더럽고 추하다' 고 할 수 없다.

3. 계명의 규례와 율법의 법도가 있다.

하나님께서 이스라엘을 향해 보배로운 백성, 민족들 위에 뛰어난 백성, 그리고 하나님의 성민이라고 하신 것은 그들이 아브라함의 자손 된 선민이기 때문만은 아니다(롬 9:4~8). 그들에게는 하나님 말씀의 모든 계명의 규례와 율법의 법도가 있기 때문이다(26:16~17). 아무리 아브라함의 자손이라도 계명과 율법이 없으면 영적 아브라함의 아들이 될 수 없다(26:18~19).

계명의 규례와 율법의 법도는 지금의 무엇인가? 한마디로 믿음의 교리로 구원되는 구속사 계시의 진리 복음과 그 믿음의 구속사로 실천하는 생활이라 할 수 있다. 즉 그리스도의 구속사 구원과 구속사적 삶이다(마 5:17~20, 롬 3:19~24, 28~30, 갈 3:6~11, 16~29절). 하나님의 보배로운 백성과 하나님 성민이 되는 것은 교인이 아니라 그리스도의 성도이다. 교회만 나오면 누구나 교인이다(마 7:13). 그러나 성도는 구속사 진리 복음으로 구원받고 행함으로 사는 자다(마 7:14). 금일 한국교회는 구속사 성도가 아니라 인본주의 교인들만 양산(量産)하는 형편이다.

4. 예수님과 함께 산다.

본문(26:16~19)을 숙고(熟考)하면, 하나님 계명과 율법의 법도는 보배로운 하나님의 백성은 절대 하나인 것을 알 수 있다. 하나님의 성민은 하나님의 말씀에서 떠나 살 수 없기 때문에 하나님의 보배로운 백성이 된 것이다. 구속사 신앙의 사람이란, 절대적으로 그리스도와 함께 사는 자다. 예수님과 함께 신앙하고, 함께 생활한다. 생각하는 것도 예수님처럼, 말하는 것도 예수님의 말씀을 따라, 선과 의를 행하는 것도 그리스도를 따라 한다. 그를 가리켜서 '구속사의 사람' '그리스도의 사람' 이라고 한다.

제 27강 축복과 저주의 선포

본문 : 신명기 27장, 11:26~31, 여호수아 8:30~35

모세의 1차 설교(1:1~4:43)가 이스라엘이 광야에서 겪은 삶의 역사적 회고라면, 2차 설교(4:44~26:19)는 하나님께서 이스라엘에 주신 율법을 강조한 것이다. 그리고 3차 설교(27:1~34:12)는 신명기 전체의 결론이며 나아가 모세오경의 결론이기도 하다. 3차 설교의 주요 내용은 이스라엘에 주신 하나님 계명의 규례와 율법의 법도를 순종하면 하나님의 보배로운 백성으로, 여호와의 성민으로 삼아 주신다는 권면이다(26:18~19).

본 장은 3차 설교의 서론으로 언약의 땅 가나안에 입성하면 반드시 두 가지를 먼저 실행하라는 말씀으로, ①율법을 새긴 돌비와 하나님께 희생 제사 드릴 돌단을 쌓고(1~10절) ②그리심 산과 에발 산에서 각각 여섯 지파씩 나눠서 계명과 율법에 대한 순종 · 불순종 여부에 따라서 축복과 저주를 선포하라는 명령이다(11~26절).

하나님께서 모세와 장로들에게 이렇게 명하신 것은 두 가지 목적이다. 첫째, 자기 백성들에게 시각적 효과(율법을 기록한 돌비)와 청각적 효과(축복과 저주)로 계명의 규례와 율법의 법도를 마음에 깊이 새겨서 메시아께서 언약의 땅 가나안에 오셔서 구속사 진리의 새 복음을 주실 때까지 지키고 준행하도록 하신 것과 둘째, 계명과 율법에 대한 순종 · 불순종의 여부가 축복과 저주, 생명과 사망, 구원과 멸망으로 가려지게 된다는 것을 가르치도록 하신 것이다. 이는 결국 계명의 규례와 율법의 법도는 구속사 성취를 위해 자기 땅에 오실 메시아 예수 그리스도를 가리킨다. 예수님은 계명과 율법을 완전하게 하셨다(마 5:17~18, 롬 3:31).

첫째, 율법의 돌비와 예배의 돌단을 쌓으라(1~10절)

이스라엘이 가나안에 입성하자마자 가장 먼저 해야 할 것은 계명과 율법을 돌에 새겨 에발 산에 세우고(1~4절), 또한 다듬지 않은 돌로 제단을 만들어 거기에서 번제와 화목제를 드리고(5~8절), 그런 다음 조용히 하나님의 말씀을 들으라는 것이다(9~10절).

가나안의 일곱 족속이 섬기는 바알과 아세라는 마음속 깊이 모시는 계시의 신이 아니고, 큰 소리로 부르고 날뛰면서 발광(發狂)하는 귀신 들린 신이기 때문이다(왕상 18:25~29, 막 5:1~5). 계시의 하나님은 잠잠한 가운데 세미한 음성이 들려오지만(왕상 19:11~13) 우상은 계시가 없기 때문에 미친 듯이 날뛰고, 소리 질러야 사람들이 홀려서 믿어주기 때문이다(삿 16:23~27).

우리가 주목할 것은 하나님의 계명 · 율법을 새긴 '큰 돌' 들을 축복을 상징하는 그리심 산에 세우지 않고 저주를 상징하는 '에발 산' (4절) 에 세운 것이다. 왜인가? 하나님께서 이스라엘(모든 인류)에 율법을 주신 것은 아담의 원죄로 모든 인간이 타락하여 저주 아래 들어갔기 때문이다(갈 3:10). 율법은 스스로 자신을 구원할 수 없는 죄인인 것을 깨닫게 하며(롬 3:20), 저주 아래 사망을 선고(宣告)하지만(롬 5:12~14), 그 죄의 저주와 사망으로부터 구원하지 못한다(롬 3:19~20). 그러므로 율법 그 자체로는 죄를 사하지도, 저주와 사망에서 구원할 수 없지만, 율법은 죄지은 것을 가르쳐 주고, 그 해결 방법으로 골고다 십자가의 그리스도께로 인도해 준다는 것이다(갈 3:22~27).

저주의 에발 산에서 축복의 그리심 산으로 옮기려면 '율법' 이라는 에발 산을 떠나서 그리심 산으로 가야 한다. 에발 산은 계명과 율법을, 그리심 산은 구속사를 이루어 이스라엘을 구원하시려고 오시는 예수님을 가리킨다. 하나님께서는 에발 산에 세운 돌비를 볼 때마다 오실 메시아 예수님을 찾게 하셨다.

둘째, 에발 산에서 저주 선포(11~26절)

세겜 땅에 서로 마주 보고 서 있는 그리심 산에서 축복을 선포하고, 에발 산에서 저주를 선포하라고 하셨다(11:26~32). 이스라엘 열두 지파를 각각 여섯 지파씩 나눠서 그리심 산과 에발 산에 서게 한 다음, 율법 순종 여부에 따른 축복과 저주를 선포하라는 것이다(11~13절). 그러나 여기서는 축복의 내용은 없고, 12가지 저주만 나오고 있다(15~26절). 왜 저주만 있는가? 율법이 모든 것을 죄 아래 가두었으니 예수님의 골고다 십자가 속죄의 피 외에는 사죄 될 수 없기 때문이다(갈 3:22~27).

12가지 죄목을 나열한 것은, ①누구나 쉽게 저지를 수 있고 ②한 번 죄를 지으면 끊기가 어렵고 ③숨겨진 은밀한 것이며 ④대부분 근친상간이거나 이웃과 관련된 죄로 모두 파멸에 이른다는 것이다. 이 범죄는 이미 사람됨을 포기한 짐승과 같아서(벧후 2:12~14, 유 1:10), 성령이 떠나고 없는 자로 회개할 수 없는 불 못에 던져질 뿐이다(유 1:17~19, 계 20:14~15).

◈ 다듬지 않은 돌 ◈

이스라엘 백성이 언약의 땅 가나안에 들어가서 가장 먼저 할 것은 율법의 모든 말씀을 기록한 큰 돌을 에발 산에 세우고, 또 거기서 돌단을 쌓되 쇠 연장을 대지 않은 창조 그대로의 원석(原石)이어야 한다. 왜 잘 다듬어 만든 금강석에 율법의 모든 말씀을 기록하지 않고 거칠고 투박한 다듬지 않은 돌에 계명을 쓰라고 하셨는가.

1. 말씀을 가감하지 말라.

이스라엘이 요단을 건너면 율법을 기록한 돌비를 세울 뿐만 아니라(27:3~4절) 제사 지낼 단, 곧 돌단을 쌓는데 그 돌은 다듬지 않아야 하고(6절), 쇠 연장을 대지 않아야 한다. 이 규례는 하나님 계시의 절대적인 성문법(成文法)인 성경을 인위적인 이성의 판단이나 사고(思考)로 변질시키지 말라는 것이다.

인간 편에서 이성에 맞게, 지성적으로 매끄럽게 해 놓으면 보기도 좋고, 읽기도 쉽고, 호감을 줄 수 있지만 인위적으로 손을 대는 순간 성경은 하나님의 절대적 계시가 아니라 사람의 이성과 지성이 가미된 한 권의 문학 작품, 윤리 · 도덕책이 돼 버린다. 성경 번역도 그렇다. 현대적으로 누구나 쉽게 알 수 있도록 자꾸 고치면 엄중한 하나님 말씀의 권위와 중후함이 떨어지고 만다. 그러므로 우리는 하나님의 모든 말씀을 변질시키지 말고 그대로 받들고 보존해야 한다. 일점일획도 틀림없는 하나님의 절대적 계시의 말씀을 ①가감하여(4:2) ②혼잡하게 하거나(고후 2:17) ③자기 지식수준에 따라 해석하게 되면(고전 2:4), 그 같은 행동은 '기록된 말씀 밖으로 넘어가는' (고전 4:6) 신성 모독이다. 사도 요한은 하나님의 계시가 된 성경을 자기 임의대로 더하거나 빼는 자에게 하나님의 무서운 징계를 경고하셨다(계 22:18~19).

2. 마음에 깊이 새기라.

하나님께서는 '너희가 요단을 건너거든' 큰 돌들을 세우고 율법을 기록하라는 말씀을 무려 4번이나 하셨다(27:2, 3, 4, 12절). 그 돌은 다듬지 않은 생돌 이며(6절), 그 제단은 '쇠 연장' 을 대지 않은 창조적 원형의 제단이다(5절). 그리고 그 돌비와 제단을 축복을 상징하는 그리심 산이 아닌 저주를 상징하는 에발 산에 세우라, 하셨다(11:29, 27:12~13, 수 8:31, 33절).

왜 다듬지 않은 돌이어야 하고, 저주의 에발 산인가? 아담의 원죄와 자기 죄로 영원한 사망에 이르게 된, 에발 산 같은 저주의 인생을 다시 살리기 위해 생명과 영생의 말씀을 줄 때, 그 하나님 계시의 말씀을 마음 판에 기록하고(잠 3:3, 렘 17:1, 고후 3:3), 항상 그 말씀을 새기며, 성령의 날카로운 쇠 연장으로 복되게 만들어 영원한 생명 계시로 삼으라는 것이다.

이스라엘 백성들에게 '새김질하는 짐승을 먹으라' (14:6, 레 11:3)

고 하셨다. 아무리 거친 먹이라도 자꾸 새김질하면 풀과 나무껍질도 소, 양, 염소에겐 영양가 있는 양식이 되는 것처럼, 성도의 마음 판에서 어떤 말씀도 자꾸 다듬어지고 가꿔지면 에발 산의 저주가 아니라 그리심 산의 축복이 된다. 그러므로 계명의 교리, 율법의 법규를 인위적이고 인본적으로 볼 것이 아니라 하나님의 원초적인 계시 그대로 받아 그리스도인들이 읽고, 듣고, 지키고 행하여야 한다(계 1:3).

3. 구속사를 찾아 모셔라.

주전 690년 전, 이사야 선지자는 예언하기를 하나님께서 세상에 둘도 없는 기쁜 소식, 복된 소식을 전해 주셨는데 이스라엘 백성을 구원하시기 위해 하나님이 시온에 들어오셔서 자기 백성을 통치하신다는 것이다(사 52:7~10). 그런데도 이스라엘은 자기 하나님을 몰랐고, 영접하지도 않았다.

이사야 선지자는 "그는 주 앞에서 자라나기를 연한 순 같고 마른 땅에서 나온 뿌리 같아서 고운 모양도 없고 풍채도 없은즉 우리가 보기에 흠모할 만한 아름다운 것이 없었고" 그래서 오히려 자기 백성들에게 "멸시를 받아 사람들에게 버림받았으며 간고를 많이 겪었으며 질고를 아는 자라" (사 53:2~3)고 예언했다.

드디어 A.D. 4년, 그 하나님께서 육신을 입고 자기 땅에 오셨지만 아무도 그를 하나님으로, 메시아로 인정하지 않은 것은(요 1:10~11) ①요셉 · 마리아의 빈천(貧賤)한 가정 ②팔레스타인의 가장 낙후된 지역 ③전혀 배우지 못했기 때문이다. 이적과 표적의 신적 능력을 나타내실 때는 "우리 주님이 오셨다"고 환호하며 반겼지만(막 2:12, 눅 7:15~16) 그 이적이 끝나기도 전에 예수는 빈궁(貧窮)했던 요셉 · 마리아의 아들인데 어찌 그런 자가 우리의 메시아가 되겠냐며 반대했고(마 13:53~57), 때로는 죽이려 했고(눅 4:29~30), 나사렛 출신(요 1:46, 7:41, 52절)이라고 냉소했고, 심지어 배우지 못한 무식한 자라고 업신여겼다(요 7:15, 행 4:13).

하나님께서는 쇠 연장으로 다듬거나 꾸민 제단을 만들지 말라고 하셨다. 다듬고 꾸민 인조적인 것이 말씀을 능가하여 말씀이 약해질 수 있기 때문이다. 하나님의 말씀이 황금 단지에 들었다고 보배가 되는 건 아니다. 비록 질그릇에 담겼어도(고후 4:7) 말씀은 창조의 역사요, 생명이요, 구원이며, 영생이다. 쇠 연장으로 다듬거나 꾸미지 않아서 투박하고 볼만한 것이 없어도 오히려 말씀 그 자체에 무궁한 가치가 있다.

돌비에 새긴 말씀, 다듬지 않은 돌 제단은 무엇인가? 구속사로 오신 예수 그리스도시다. 그는 "말씀이 육신이 되어 우리 가운데 오셨다"(요 1:14). 잘 꾸미고 가꾼 왕자로 오시지 않았다. 존귀한 가정에서 태어나지도 않았다. 학자의 자녀도 아니다. 그분은 사람으로 오셨다. 사람의 몸만 입고 오셨다. 예수님은 말씀의 돌로 오셨다. 골고다 십자가 제단에 희생 제물로 오셨다. 요단에 세워진 돌비는 바로 예수님이다. 꾸밈없이 만들어진 그 제단은 예수님의 육체, 곧 십자가에 못 박혀 몸 찢고 피 흘려 죽으실 그리스도이다. 희생의 제단을 꾸미고 가꾸면 뭣하나. 우리는 십자가 구속사의 예수님이 중요하다. 나사렛에서 오신 예수님, 십자가에 달리신 예수님이 구원하시는 구속사가 드러나는 그 돌비, 바로 나의 주님이시다.

제 28강 순종의 축복 · 불순종의 저주

본문 : 신명기 28장, 7:12~24, 출애굽기 23:20~33, 레위기 26:3~13

이스라엘 백성이 요단을 건너 언약의 땅 가나안에 들어간 후에 에발 산에 돌을 세우고, 다듬지 않은 돌로 제단을 만든 후에 저주를 선포하라 하셨다(27장). 본 장에는 순종하여 받을 복과 불순종하여 받을 저주의 내용을 상세하게 기록하고 있다. 저주의 내용은 축복의 4배가 넘는다. 왜냐하면 아담의 원죄와 자기 죄로 인해 받는 저주가 계명과 율법에 순종하여 받는 축복보다 더 많고, 더 강하다는 증거다. 무려 68절이다. 마태복음 26장(75절)과 시편 119편(176절) 다음으로 길다. 해석에 난해한 곳은 없다. 다만 이 말씀을 그대로 지켜서 축복이 오느냐, 아니면 거역하고 불순종해서 기록된 대로 화와 저주를 받느냐 하는 것뿐이다.

물론 본 장은 하나님께서 모세를 통해 이스라엘 백성에게 주신 것이다. 그러나 축복과 저주는 이스라엘뿐만 아니라 온 인류와 모든 사람(가정, 사회, 국가)에 임하는 광의적(廣義的) 내용이다. 이스라엘이 이 말씀을 받아서 그대로 행하고 지켰을 때는 다윗과 솔로몬 왕조 같은 대 번영국가를 이뤘으나, 우상 숭배하고, 불순종했을 때는 통일 된 왕국에서 분열 국가로, 다시 패망국가로 무려 2000년 동안이나 유리하며 방황하는 처참한 국가가 되었다. 이스라엘이 망해서 어육(魚肉)이 된 것은 차마 눈을 뜨고 볼 수가 없다(예레미야애가).

이렇게 이스라엘이 신명기 28장에 따라 가정, 사회, 국가, 민족까지도 흥하고 망한 역사를 보면 하나님의 선민이라도 예외가 없다. 말씀에 순종하면 모든 것이 형통하지만, 불순종하면(28:15~68) 그대로 망하는 것이다. 고대로부터 지금까지 신명기 28장은 이스라엘뿐만 아니라 전 세계 만민의 흥망성쇠(興亡盛衰) 교과서다. 고대 제국들의 모든 역사가 신명기 28장대로 되었다. 그러므로 본 장은 가정, 사회, 국가를 막론하고 하나님께서 온 인류 · 모든 사람에게 주시는 대헌장이다.

첫째, 율법 준수에 따른 축복(1~14절)

'하나님 여호와의 말씀' 과 '그의 모든 명령' (1절) 에서 구약은 '계명의 규례' 와 '율법의 법도' 를 가리키고, 신약은 예수 그리스도의 '구속사 진리 복음' 을 가리킨다. 이를 믿고 지키고 행하면 구원과 함께 생활의 번영도 함께 누린다는 것이다(출 15:26, 23:22, 레 26:3~13, 사 55:2 등).

'삼가 듣고(שָׁמוֹעַ תִּשְׁמַע · 사모아 티시마)' 는 중복되어 '듣고 또 들어' 라는 뜻으로(신 6:4~6) ① '성실하게 듣는다' (hearken diligently, KJV). ② '주의하여 경청한다' (carefully listen)는 말씀이다. 이 열심 있는 들음은 하나님의 복되신 말씀이므로 반드시 지키고 행하려고 듣는 것이다. 그러면 그가 기복적 신념으로 복을 바라지 않더라도 복을 주장하시는 하나님께서 그를 기뻐하심으로 ①생활의 복(3절) ②자녀의 복(4절) ③토지 소산의 복(4절) ④가축 번성의 복(4절) ⑤양식의 복(5절) ⑥생활 속의 모든 복(6절) ⑦적군을 막아주시는 복(7절) ⑧가정의 부유, 사회의 번영, 부국강병(富國强兵)의 복을 주신다는 것이다(8~13절). 이스라엘뿐만 아니라 천하 만민이 이 언약을 믿고 지키면 육신의 번영과 영혼의 영원한 안식까지 얻게 된다.

둘째, 율법 불순종에 따른 저주(15~68절)

이스라엘 백성이 하나님의 말씀에 순종할 경우 임할 축복과는 반대로 말씀을 거역하고, 거스르는 불순종의 경우에는 민족 전체에 임하게 될 저주가 축복보다 네 배 반이나 된다. 이 말씀은 좁게는 이스라엘 민족에게만 해당하는 것 같으나 넓게는 모든 나라와 모든 민족에게도 해당이 된다. 실상을 보면, 고대 모든 열국의 흥망성쇠가 이 말씀에 따라 된 것을 인류 역사는 증명하고 있다(단 2:36~44, 7:1~28).

신명기 28:15~68에 기록된 저주의 내용은 앞의 축복 내용(28:3~14)과는 정반대로 더 광범위하게 해석한다. ①개인과 가정의 저주(15~19절) ②각종 질병과 기근 · 기갈의 저주(20~24절) ③전쟁 포로가 됨(25~37절) ④굶주림과 천대(38~46절) ⑤포로의 압박과 멸시(47~57절) ⑥민족이 세계 곳곳으로 흩어지게 된다(58~68절). 이 불순종의 예언은 드디어 유다 왕국과 이스라엘에 임하여 앗수르와 바벨론에 예언 그대로 망하게 된다. 비절참절(悲絕慘絕)한 역사적 상황은 열왕기하 24장, 25장, 역대하 36장에 기록되었고, 그보다 더 자세한 내용은 예레미야애가에 기록되었다. 어찌 이스라엘의 멸망뿐이겠는가. 바벨론, 메데, 파사, 헬라, 로마의 멸망, 우리나라 36년의 일본 압제와 6·25 전쟁을 보라.

이스라엘은 믿음의 조상 아브라함(창 15:6, 롬 4:9, 18, 갈 3:6~7)의 자손으로 하나님이 선민으로 뽑아서 모든 민족의 장자로 삼으셨고(출 4:22), 이 땅에 구속사 성취로 오실 메시아로 인해 만민을 구원하시는 제사장 나라로 삼으셨다(출 19:6). 그렇다면 모든 인류의 구원은 이스라엘로부터 시작된다(마 10:5~6, 15:24, 요 4:22). 그런 하나님 나라의 백성이라도 하나님 말씀을 떠나 죄를 범하면 신명기 28:15~68에 기록된 비참한 멸망에 처하게 된다. 그렇다면 하나님께서는 이방인들은 어떻게 취급하시는가? "하나님이 원 가지들도 아끼지 아니하셨은즉 너도 아끼지 아니하시리라" (롬 11:13~24).

본 장의 말씀은 한 절, 한 절 주석하는 것보다 해석에 난해한 구절이 없으니 전체적인 내용을 잘 파악해서 나 자신과 가정, 사회, 국가 · 민족이 말씀 순종의 복을 받아야 한다. 타산지석(他山之石)으로 삼자.

◈ 성경적 복의 개념 ◈

오늘의 한국교회는 '눈에 보이는 축복' (바라봄의 법칙)을 매우 중시(重視)하는 경향이 있다. 이는 하나님의 뜻을 신앙으로 응답하는 계시적 조명이라기보다는 개인의 물질적 욕구를 채우려는 기복적(祈福的) 신념일 뿐이다. 한국교회에 이런 기복적 신념이 강한 이유는 우리나라의 종교 형태가 전통적으로 샤머니즘(Shamanism)의 유교, 불교 및 무속 신앙과 연관하여 성장해 왔기 때문에 한국교회의 고질적인 문제가 된 것이다. 이것은 하나님의 초월적인 계시에 바탕을 둔 신앙이 아니라, '나도 할 수 있다' '하면 된다'는 신념으로 된 것이다.

하나님께서 성도에게 주시는 복은 첫째, 현세적 물질의 복이다. 우리가 내세에 들기 전까지 반드시 있어야 하는 채움의 복이다. 둘째, 내세적 영혼의 축복이다. 육체적 삶이 종결되는 순간 반드시 있어야 하는 하나님의 나라, 그리스도 왕국의 입성이다. 전자의 복이 부차적(副次的)이고, 일시적이라면 후자의 내세적 복은 절대적인 영원한 복이다. 그런데 계시가 분명하게 발전되지 않고 메시아의 구속사 성취가 진행 중인 구약시대 복의 개념이 주로 물질적이고, 외형적인 측면이라면, 하나님의 뜻이 메시아의 오심으로 완전히 성취된 구속사, 신약시대 복의 개념은 내적이고 영적이다. 그러나 모든 복의 근원은 하나님이므로 그 어떤 복도 예수 그리스도 안에서 하나님이 주신 것이라고 믿고 바라야 한다.

금세기의 신비주의자들처럼 하나님의 은혜와 복은 오직 영혼을 살리는 영적인 것이지 물질적인 것이 아니라고 한다면, 이제까지 우리 인간들이 먹고 입고 살아온 것들은 무엇인가. 또한 내일은 무엇을 먹고 살 것인가. 하나님 창조의 시작은 물질이다. 모든 생명체에 주신 것은 육적인 물질이다. 물질과 영혼은 하나님이 주신 것이다. 육체가 있음으로 영혼도 있다. 우리가 세상을 떠나기까지 하나님께서는 날마다 물질도 주시고, 영혼도 보살펴 주시는 존재자이다.

하나님의 창조부터 출발한 하나님의 복은 육적이면서 영적이고, 영적인가 하면 또한 육적인 것이기에 어느 것이 먼저고 나중인가 생각할 필요가 없다. 무엇이 더 가치가 있는가도 따질 필요가 없다. 둘 다 우리에게 필요한 것이다(고전 15:35~49). 금일 한국교회의 소위 '바라봄의 법칙' 은 하나님 복의 개념이 성경에서 많이 이탈되었다.

1. 하나님 계명 보다 인간의 소유에 치우쳐 있다.

성경 전체의 축복 관은 하나님 계명의 규례와 율법의 법도를 지키면서 행하는 자에게만 주신다(7:9, 11~16, 8:1, 6~16, 11:8~9, 13, 26~32, 26:10~19, 27:1~2, 28:1~14 등). 그러므로 하나님의 계명과 율법의 법도를 따르지 않으면 오히려 저주가 임할 것이라고 하셨다(28:15~68). 그런데도 '바라봄의 법칙' 은 계명과 율법 즉, 말씀의 순종 관계는 아랑곳없이 누구든지 마음에 소원을 품고, 하나님을 바라보며, 긍정적인 마음으로 기도만 하면 그의 소원이 성취된다, 한다. 성경 어디에도 그런 억지 주장은 없다(약 4:1~3, 벧전 2:11~12 숙독하라).

2. 하나님 뜻보다 인간의 소원이다.

신앙적 믿음의 기도는 먼저 자기 기도가 하나님의 뜻에 합당한 지, 의로운 기도인지를 헤아려서 하나님의 뜻이 아니면 아무리 자기에게 이익이 되어도 하지 않아야 한다. 기복(祈福)은 하나님이 삶의 중심이 아니기 때문에 하나님 뜻보다 자기 이익만 생각하고, 자신에게 긍정적 암시를 주면서 기도한다. "할 수 있다" "될 수 있다" "하면 된다" 는 것은 자기 긍정이기 때문에 그것은 하나님에 의해 된 것도, 하나님이 주신 것도 아니다. 세상 사람들은 긍정적이고 적극적인 자기 암시로 성공하는 경우가 다반사(茶飯事)다.

3. 신앙이 아니라 신념이다.

성경에 기록된 모든 복은 하나님에서 온다. 하나님께서 천지를 창조하셨고(창 1~2장, 사 40:1~17), 그 창조하신 삼라만상에 복을 주셨기 때문이다(창 1:22, 28, 31, 8:17, 9:1). 성경에서 하나님의 복을 받은 어떤 사람도 일이나 사건에 대해 적극적 사고와 긍정적 생각으로 "나는 할 수 있다" "나는 잘된다" "나는 성공할 수 있다" 고 자기 암시를 하지 않았다. 물론 그 일을 이뤄 주실 때까지 기도는 하지만(마 7:7~12, 막 11:24, 약 1:2~8) 모든 일을 하나님께 맡기고, 하나님의 경륜과 섭리를 따라 믿어야 한다.

아브라함이 받은 복(창 24:1), 이삭의 백배 축복(창 26:12), 야곱의 창성한 복(창 32:9~10), 요셉의 성공(창 41:40~45) 등 누구도 하나님께서 그들을 복되게 하신 것이지 '바라봄' 의 긍정적 신념으로 된 것이 아니다. 족장들뿐만 아니라 기록된 성경의 모든 위인들이 받은 복은 하나님이 그렇게 되도록 이끌어 주시고, 섭리하시고 허락하신 것이지 절대 인위적인 자기 신념과 긍정적인 암시로 된 것이 아니다. 오직 하나님만 바라고 믿고 기도했더니 기도한 대로 허락하셨다면 이는 하나님이 주신 믿음의 신앙이다.

그러나 긍정적인 자기 암시로 되었다면 이는 하나님이 주신 것이 아닌 자기 신념, 즉 '자기 의지' 로 된 것이다. 똑같이 되었어도 신앙의 믿음으로 된 것은 그리스도 구속사안에서 된 것이므로 오직 하나님만 하실 수 있다. 그러나 하나님을 바라보고 기도했다 해도 긍정적인 자기 신념으로 된 것이라면 이것은 하나님께서 주신 복이 아니다. 그리스도교가 아닌 이교의 세상 사람도 얼마든지 자기 신념으로 성공할 수 있다. 하나님께서 주신 물질과 복은 오직 하나님의 신앙으로 된 것이고, 자기 긍정적 암시로 된 것은 자기 신념으로 된 것이기에 성경적 축복은 아니다.

4. 자기중심적 삶이다.

하나님께서 오직 믿음의 신앙에서만 주신 하나님의 복을 받은 사람은 자신을 하나님의 청지기로 생각한다. 그래서 하나님께서 만약 자기에게 소원하는 복을 주신다면 ①하나님의 영광을 위해 ②이웃의 구제를 위해 ③우리 주 예수님의 구속사 진리 복음을 위해 사용할 것이다. 신앙 있는 사람의 기도는 자기만 생각하는 이기적 욕심의 기도가 아니라 먼저 하나님의 영광과 이웃을 위해, 주님의 구속사 진리 복음을 위해, 내가 받은 복을 어떻게 사용할 것인가를 생각한다. 하나님의 기뻐하시는 기도가 된다. 그러나 기복적인 기도는 세상의 것만 받으려고 할 뿐 하나님의 영광은 없다. 자기의 긍정적인 암시와 신념의 기도는 자기만을 위한 탐심의 욕망일 뿐이다(골 3:5~8). 기복적 기도가 많을수록 다툼만 심할 뿐이다(약 4:1~3).

5. 육신적 기도가 대부분이다.

신앙의 정진을 위한 기도라도 기복적으로 하면 안 된다. 신앙이 아니라 자기 욕심에서 나오는 신념이기 때문이다. 물론 우리가 생활적인 것도 기도해야 한다. 물질, 건강, 사업, 자녀를 위해서 기도해야 한다. 이 또한 하나님이 우리에게 주신 복이기 때문이다. 문제는 이 기도를 하나님이 들으시고 하나님이 내게 주신 복이 되어야지 하나님께 기도는 했지만, 적극적이고 긍정적인 신념이었다면 이는 하나님이 주신 신앙의 복이 아니다. 자기 신념의 육신적인 기도일 뿐이다.

참된 기도는 육적인 것보다 오히려 영적인 것이 더 많아야 한다. 비록 물질은 적고, 건강은 약하고, 사업은 어렵고, 자녀들도 크게 성공하지 못했어도 예수 그리스도의 구속사 복음으로 충만하고, 하나님의 자녀가 되었다면 그것은 육신적인 복보다 더 큰 복이 아니겠는가.

그런데 기복적인 자들은 예수를 잘 믿어도 가난하거나, 건강하지 못하거나, 사업이 부실해지면 하나님의 복을 받지 못했다거나 예수를 잘 믿지 못한 것으로 취급해 버린다. 그럼 사도들은 모두 잘 믿지 못해서 가난하게 살다 순교했는가. 사도 바울은 복을 받지 못해서 일생 병치레만 했는가(고후 12:7~10). 기복적 신념과 성경적 축복은 하박국 3:16~19로 답하라.

하나님께서 자기 백성 이스라엘을 가나안에 들여보내시기 전에 극히 염려하시고 걱정하신 것은 사람 중심의 기복(祈福)이었다. 만약 이스라엘이 구속사 복음 대신 기복적 축복만 바란다면 언약의 땅에서 물질과 곡식이 차고 넘쳐서 부유하고 부강하게 될 때, 하나님을 쉽게 떠나고, 오실 메시아의 구속사도 잊어버려 이방인처럼 타락하지 않았을까(6:10~15, 8:11~20, 32:9~21 등). 선민 이스라엘이 가나안 일곱 족속처럼 우상 숭배하고, 하나님을 배신하면 그들도 그 땅에서 토하여 내치게 된다는 하나님의 경고다(8:19~20). 한국 교회도 칼빈주의 교리와 구속사 진리를 떠나서 기복적 신념으로 채우려는 위험 수위가 높아지고 있다.

제 29강 모압 땅에서 세우신 언약

본문 : 신명기 29장, 출애굽기 19장

본 장에서는 1차 호렙산 언약(출 19~24장)에 이어 모압 평지에서 2차 언약을 세우게 된다. 2차 언약은 일찍이 호렙산에서 하나님이 이스라엘 자손과 먼저 세웠던 언약과 다르지 않다. 다만 그때 세웠던 1차 언약은 언약의 땅 가나안에 들어가지 않으려는 불신앙과 불순종으로 40년을 광야에서 방황하다 다 죽었고(민 14:20~35), 그때 20세 미만 아이들과 출생하지 않았던 40년 후의 2세대 백성에게 호렙산 언약에 이어 두 번째 언약을 세운 것이다. 따라서 모압 평지의 2차 언약은 새로운 언약이라기보다는 40년 전 호렙산 언약에 대해 잘 모르거나, 그 언약을 중대시하지 않는 새로운 세대에게 언약의 중요성을 깨닫게 하기 위해 재교육하는 것이다.

40년 전 호셉산에서 1차 계명과 율법을 주실 때, 하나님의 현현(顯現)이 무섭고 두려워 백성이 다 심히 떨었었다(출 19:16~25). 하나님께서 아담의 원죄로 인해 저주의 심판으로 임재하셨기 때문이다. 모압 평지에선 하나님은 현현하지 않으셨고, 다만 계시의 말씀으로만 하셨는데 그 말씀은 40년 전보다 더 엄중하고, 신중하고, 강렬했다. 호렙산에서 1차 언약을 세우실 때는 하나님의 임재에 두렵고 떨었지만, 모압평지에선 하나님 입에서 더 강렬하고 엄중한 말씀이 쏟아졌다. 본 장의 내용은 ①언약의 회고(1~9절) ②언약의 대상

(10~13절) ③언약의 경고(14~21절) ④언약의 형벌(22~29절)로 분류된다.

첫째, 언약의 회고(1~9절)

'호렙에서 이스라엘 자손과 세우신 언약 외에(1절)' 라고 하셨는데 '외에(מִלְּבַד · 밀레바드)' 는 '…에 덧붙여(besides)' 라는 뜻이다. 직역하면, '호렙산에서 맺은 언약에 덧붙인다' 이다. 호렙산에서 40년 전에 주셨던 그 말씀은 그대로 두시고 다만 그 말씀에다 새로운 말씀만 더 보탠다는 것이다.

새로운 말씀이란, 출애굽 한 이스라엘 백성이 40년이나 광야에서 살았지만 ①먹고 입고 사는데 아무 이상이 없었고(2~6절) ②강한 적들도 모두 물리쳤고(7~8절) ③언약의 말씀을 지켜 행할 때 모든 일이 형통한다는 것이다(9절). 만약 이스라엘이 출애굽 했어도 하나님께서 40년 동안 지켜주지 않고, 보호해 주지 않았다면 그 광야에서 어떻게 크고 작은 원수들을 이기며 생존할 수 있었겠는가. 그러나 하나님께서 족장들과 언약하신 대로 언약의 땅 가나안에 이스라엘과 천하 만민을 구원할 메시아가 오시기까지 선민들을 지켜 주신 것이다(9절).

이는 신약시대 성도들에게도 합당한 말씀이다. 핵무기를 포기하지 않고 끝까지 버티는 북한과 중국, 일본의 틈바구니에서 5천만 국민과 6만 교회와 20만 목회자와 800만 성도들이 아직 건재한 것은 한국교회가 주 예수님의 구속사 진리 복음을 세계만방에 전해야 하기 때문이다.

둘째, 언약의 대상(10~13절)

본문에는 모압 평지 언약의 대상이 누구인지 분명하게 규명하는데 이스라엘 백성이라면 장로, 지도자, 남녀노소, 객과 종들까지 모두 하나님의 언약 안에 있다고 하신다. 그들은 다 아브라함과 이삭과 야곱에게 속한 선민의 자손이기 때문이다. 이는 그 당시 이스라엘이 아니면 어느 나라 · 민족에게도 찾아볼 수 없는 일이다.

그 당시 고대사회는 엄연히 빈부격차가 있었고, 주종관계도 부분별 차이가 분명히 법적으로 보장된 사회였다. 그런데 유독 이스라엘만 하나님의 언약 아래 신분의 구분이 없다는 것은 아브라함의 한 자손임과 동시에, 아브라함의 씨로 이스라엘과 모든 인간을 구원하려 오시는 메시아의 구속사 안에 있었기 때문이다(롬 3:23~25, 갈 3:26~29).

셋째, 언약의 경고(14~21절)

하나님이 이스라엘의 모든 조상과 백성과 심지어 태어나지도 않은 후세대까지 하나님의 언약을 주시는 것은, 선민에게는 메시아가 오심으로 이스라엘의 구속사 구원이 성취될 것인데 어찌 하나님의 언약도 없고, 메시아의 구속사 구원도 받아들이지 않는 우상숭배에 빠진 이방 민족과 함께 할 수 있겠는가. 오래지 않아서 가나안 일곱 족속은 반드시 하나님의 진노로 심판받고 멸망할 것인데 그들과 함께하는 이스라엘도 같이 멸망한다고 하신다. 하나님의 구속사 언약 안에 있는 신약의 성도들도 죄와 우상숭배에 빠져서 하나님을 떠난 이교도와 함께 하면 그들이 하나님 진노로 멸망할 때, 성도들도 같이 유황 불 못에 들어가고 만다(고후 6:14~18, 계 20:10).

넷째, 언약의 형벌(22~29절)

이스라엘로 인해 하나님께서 애굽 땅에 개구리 재앙부터(출 8:1~7) 장자의 죽음까지(출 11:4~6) 10가지 재앙을 쏟아부으실 때, 비로소 애굽의 백성들은 자기들 태양신 '라' 보다 이스라엘의 여호와 하나님만이 참 신인 것을 알게 된 것이다(출 7:1~6). 출애굽 하는 이스라엘을 홍해에서 막았던 애굽의 군대가 전몰(顚歿) 당하는 것을 열국들이 보면서, 여호와 하나님 대신 참 신이신 하나님께 영광을 돌린 것이다(출 9:13~16, 15:3~18). 전능하신 하나님은 마침내 아낙 자손의 일곱 족속까지 멸망시키자 그 당시 천하 백성들은 이스라엘의 하나님께 놀랐고 크게 떨었다(수 2:8~11, 6:1, 27절). 천하 만민이 두려워 떠는 하나님의 백성이 이스라엘인데 그들이 하나님의 징벌을 받아 가나안 일곱 족속처럼 망하게 되면, 이방 열국들이 그 망한 이스라엘을 어떻게 생각할 것인가. 하나님이 내린 유황불로 완전히 망해 버린 소돔과 고모라처럼 영원한 부끄러움이 될 것이다(29:22~28).

하나님은 절대 공명정대(公明正大)하시고, 공의로우신 분으로 선민 이스라엘이라고 예외를 두지 않는다. 아브라함의 자손이라도 범죄하고 회개하지 않으면 죄지은 대로 가나안 일곱 족속처럼 멸망시킨다(왕상 14:15, 대하 7:20, 렘 12:14). 그래서 회개할 때까지 모든 나라 백성에게 부끄러움과 치욕이 되게 하신다(29:24~28).

이 같은 안타까운 일은 신약시대에도 있다. 젊어서는 근실하고, 정직하고, 충성스러워서 누구에게나 존경과 신망 받는 목회자로 명성을 떨쳤지만 그만 연세가 많아지면서 하나님 앞에서 교만하고, 방자(放恣)하고, 망령부리다가 하나님께 징벌받고 인생의 뒤안길로 수치스럽게 사라진 목회자가 상당수다. 자기 스스로 성공에 도취하여 하나님 앞에서 조심스럽지 못했기 때문이다. 하나님은 공의로우신 참 신(神)이시다. 아무리 전에는 잘했어도 인생의 끝에 잘못하면 반드시 잘못한 대로 징계하신다(겔 3:16~21, 18:1~32, 33:7~20). 신학자, 목회자, 장로도 명성이 드러날 때 더 조심해야 한다. 그래서 사도 바울에겐 자만하지 못하도록 육체에 가시를 주셨고, 스스로 자기를 쳐 십자가에 못 박기도 했다(고전 9:27, 15:31, 고후 12:7~10, 갈 2:20, 5:24 등).

◈ 옛 언약과 새 언약 ◈

성경에 나오는 언약은 크게 두 가지로 '옛 언약'과 '새 언약'이다. '옛 언약'은 아담으로 시작하여 노아, 아브라함, 모세, 여호수아, 다윗 등 구약시대 전체를 포함하는데 여기엔 당연히 호렙산 언약(출 19장)과 모압 평지의 언약도 포함된다.

'새 언약'은 예수 그리스도의 신약시대에 이르러 시작되는 구속사 진리 복음을 가리킨다. 예수님의 십자가와 부활로 언약을 논한다면 '옛 언약'의 구약시대는 메시아의 구속사 언약이 출발하는 시작점이고, '새 언약'의 신약시대는 메시아의 오심으로 구속사 언약이 이뤄지는 완성이다. 옛 언약과 새 언약 간에는 여러 가지 면에서 상당한 차이가 있다. 이를 호렙산 언약과 모압 평지 언약만을 실례로 들어본다.

1. 언약의 중보자

호렙산 언약과 모압 평지 언약의 중보자는 인간인 모세였다(1절, 출 24:3). 그러나 새 언약의 중보자는 하나님이신 예수 그리스도시다(히 8:6, 9:15, 12:24).

2. 새 언약의 대상

옛 언약의 대상자는 주로 선민 이스라엘에 한정되었다. 그러나 새 언약은 예수 그리스도로 말미암는 천하 만민이 대상이다(행 2:28, 39, 골 3:11).

3. 새 언약의 원리

언약의 시행 방법에 있어서 옛 언약은 순종하면 축복, 불순종하면 저주였다(28장). 그러나 새 언약은 옛 언약의 원리를 따르지 않는다. 그 대신 새로운 원리, "주 예수를 믿으라 그리하면 너와 네 집이 구원을 받으리라" (요 3:16, 행 16:31)는 믿음의 원리를 채택하고 있다(갈 3:26~29). 옛 언약에는 메시아가 계시지 않고, 메시아가 오실 줄 믿고 계명과 율법을 지키고 행함으로 구원되지만, 본시 타락한 인간은 계명과 율법을 다 지키고 행할 수 없기 때문에 율법으로는 의롭다 함을 얻지 못한다(롬 3:20).

신약시대에는 계명을 지키고, 율법을 행해서는 어느 인간도 구원받을 수 없음을 알고, 예수님께서 우리가 지키지 못하고 행하지 못하는 계명과 율법을 우리 대신 지키고 행하시기 위해 골고다 십자가에서 몸 찢고 피 흘리심으로 계명과 율법을 다 완성하셨다(요 19:30, 행 13:29). 그러므로 이제 예수 그리스도만 믿으면 계명의 규례도, 율법의 법규도 지키는 자가 되어 그리스도의 구속자 구원에 이르게 된다.

4. 새 언약의 목적

'옛 언약' 에는 그 언약의 성취에 대한 뚜렷한 보증은 없었다. 인간이 아담의 원죄와 자기 죄를 다 씻고, 태초의 창조적 무죄 상태로 되돌릴 수는 없기 때문에 자력으로는 누구도 구원에 이르지 못한다. 그래서 구약시대의 언약이란, 인간을 대신해서 원죄와 자기 죄를 완전히 씻고 속죄 시켜 주실 자를 기다리는 상태였다(창 3:15).

'새 언약' 에는 뚜렷한 성취 목적이 있었다. 아담의 원죄와 인간의 자범죄를 다 씻고, 태초의 창조 목적인 속죄 상태로 되돌릴 수 있는 참 사람, 두 번째 아담이 이 세상에 오셔서 인간이 죗값으로 받아야 할 저주를 그 사람이 대신 다 받으셨다(21:23, 갈 3:13, 4:4~5). 옛 언약으로 할 수 없는 그 언약 성취에 대한 보증을 참사람이며, 둘째 아담이신 그리스도께서 모두 담보하게 된 것이다.

5. 새 언약의 종점

'옛 언약' 은 구속사 시작의 출발점이다. 이는 창세기 3:15에서 보증이 된다. 그 보증의 결과와 완성은 '새 언약'의 종점이신 그리스도시다(요 19:30, 20:16~18). 옛 언약과 새 언약간에 차이점은 있으나 언약의 내용은 모두 같다. 옛 언약은 출발점, 새언약은 종착점이다. 옛 언약은 그림자, 새 언약은 실상이다. 옛 언약이 있으므로 새 언약의 구속사가 완성된다.

제 30강 회복의 언약과 생명과 사망

본문 : 신명기 30장, 레위기 26:40~45

본 장은 모세의 세 번째 설교(27:1~34:12)로 신명기의 결론이다. 아직 남아있는 31~34장은 본서의 부록과 같은 것으로 신명기와 여호수아서를 연결하고 있다. 모세는 자기 백성 이스라엘의 성격과 상태를 너무 잘 알고 있다. 지난 40년 동안 가는 곳마다 모세를 대적하고 하나님을 원망하므로 그때마다 하나님의 징벌을 받았는데, 이제 자기마저 죽고 없으면 얼마나 더 강퍅해지고, 억세게 불순종하다 그 죄로 인해 천하 만방으로 흩어지게 될 것을 염려한 것이다.

이제 모세는 마지막으로 권면한다. 하나님의 징계로 산지사방(散之四方)한 백성이 되더라도 절대 절망하지 말고, 그 자리에서 깨닫고 회개하라. 그러면 너희 회개의 눈물을 하나님께서 보시고, 원수의 땅에서라도 징계를 거두시고 다시 고국 땅으로 돌아오게 하실 것이라고 한다. 소망의 확신을 심어주시는 영도자(지도자) 모세의 권면이다. 본 장의 내용은 ①회개에 따르는 회복의 은총(1~10절) ②하나님 계명의 성격(11~14절) ③생명과 사망(15~20절) 이다.

첫째, 회개에 따르는 회복의 은총(1~10절)

만일 이스라엘이 하나님께 불신앙 · 불순종함으로 저주를 받아 외적의 포로가 되고, 각 나라로 흩어진다고 할지라도(28:50~68, 왕상

8:33~34) 그들이 회개하고 돌아오면(1~2절) 하나님께서 다시 그들을 회복시키시고(3~5절), 큰 은총을 내려 주신다는 위로와 소망의 메시지다(6~10절). "상한 갈대도 꺾지 아니하며 꺼져가는 등불을 끄지 않는" (사 42:3) 하나님의 긍휼과 자비 지심이다.

하나님을 떠나 우상을 섬기는 이교도와 이방인에 대한 하나님의 징벌은 진노의 저주로 아주 멸망 시켜 버리지만(렘 51:47~53, 겔 29:15~16) 이스라엘은 아브라함의 선민이요, 메시아의 구속사를 성취하게 될 언약의 백성이므로 하나님의 긍휼과 자비가 떠나지 않는다. 그래서 징계를 내리실 때도 마음 아파하신다(겔 18:23, 32, 33:11). 하나님이 그들의 아버지가 되셨기 때문이다(히 12:5~13).

하나님의 긍휼과 자비는 우리에게도 임하신다. 창세 전부터 하나님의 자녀로 예정 가운데 두셨고, 그리스도 안에서 구원하셨는데 행여나 우리를 잊으시겠는가(사 49:13~17). 죄를 지어도 회개하고 돌아오면 하나님은 우리를 불쌍히 여기시고 있는 그대로 받아주신다(눅 15:17~24).

둘째, 하나님 계명의 성격(11~14절)

하나님 계명의 규례와 율법의 법규는 이스라엘에 한 몸과 같이 매우 가깝다. 그런데도 자기 백성이 계명과 율법을 거스르고 떠나서 범죄 하는 것은, ①하나님을 사랑하지 않았고 ②말씀을 유심(留心)치 않았고 ③하나님 공의의 심판을 두려워하지 않은 것이다.

그리스도인들이 하나님을 사랑하고 구속사 안에서 예수님을 사랑하면, 하나님께서 우리에게 주신 구속사 언약 계시인 성경이 그렇게 어려운 것도(11절), 멀리 있는 것도, 책을 구하지 못하는 것도, 시간이 없어 읽지 못하는 것도 아니다(11~13절). 다만 하나님의 말씀, 구속사 계시의 성경을 마음에 두지 않고, 관심이 없어(14절) 멀리하며 말씀대로 살지 않는 것뿐이다.

성도들은 불신자와 달리 큰 죄는 짓지 않는다. 그러나 실상 한 주간, 하루하루를 살면서 하나님을 생각하지 않고, 예수님께 마음이 없다면 이는 성도의 큰 죄다. 이스라엘이 하나님 대신 우상 숭배에 빠진 근본적 원인은 언약의 땅 가나안의 풍요한 물질과 화려한 풍습에 마음이 있었지, 자기들을 출애굽 시켜 제2의 에덴동산으로 인도하신 하나님은 생각하지 않았고, 그 땅에 구속사를 성취하러 오시는 메시아 예수님께 관심조차 두지 않았다. 지금도 마찬가지다. 하나님을 사랑하고 예수님께 뜨거운 마음이 있다면 성경 계명의 교리, 율법의 법규는 그리 어려운 것이 아니고 오히려 쉽고 지키기에 즐거운 것이다.

셋째, 생명과 사망(15~20절)

본문은 '모압 평지 언약'의 마무리이며 동시에 신명기의 총결론이다. 모세가 마지막으로 자기 백성들에게 권면하는 '하나님 말씀의 순종'과 '메시아 오심의 약속'을 기다리는 구속사 신앙의 촉구이다. 28장에서 이미 생명의 길(1~14절)과 사망의 길(15~68절)이 놓였고, 이스라엘이 과연 너희가 어느 길로 갈지 정하라고 하셨는데 모세는 또 한번 정하라고 하신다. 공의로우신 하나님은 선행자에 대해선 반드시 생명으로 답하시지만(16, 19, 20절) 우상숭배 하며 사악한 길로 가는 자는 반드시 저주로 심판하신다(18절).

28장에선 저주와 심판의 내용이 축복의 내용보다 4배나 되어 극심한 두려움이 되는 대신, 본문에선 저주와 심판의 경고가 단 한 번뿐이다(18절). 생명의 축복보다 1/3이나 적다. 이 같은 차이는 무엇인가. 28장은 우상숭배와 사악한 범죄로 저주받지 말라는 경고에 치중했다면, 본문은 모세의 마지막 기록으로 자기 백성들이 하나님을 잘 섬겨서 복 받기를 바라는 마음이 몇 배나 더 컸기 때문이다. 자기 백성을 아끼는 어버이의 마음이며, 영적 지도자의 참모습이다.

이때의 모세는 메시아로 오실 그리스도의 뜨거운 사랑의 표상(表象)이었다. 예수님은 이미 가룟 유다가 사탄의 유혹으로(눅 22:3, 요 13:2) 자기를 팔 것을 알고 계셨다(요 13:11, 27절). 그런데도 주님께선 유다의 배신을 알리지 않으셨고 유다의 목숨을 지켜주셨다. 끝까지 사랑하셨다. 또한, 예수님은 베드로가 3번 부인할 것도 알고 계셨지만(막 14:27~31), 배신자라 꾸짖지 않으셨고, 오히려 베드로의 믿음과 사랑이 식지 않도록 기도해 주셨고, 지켜주셨다(눅 22:31~32, 39절).

예수님처럼, 모세 처럼 자기 사람들을 아끼고 사랑하는 백성의 지도자는 그들이 끝까지 잘되기를 바라는 마음으로 보호하며, 기도해 주는 아가페의 사람이다.

구속사 설교

◈ 공의로우신 하나님 ◈

본문에는 하나님의 양면적 속성이라 할 수 있는 공의의 사랑과 심판이 자기 백성에게 조목조목 잘 나타나고 있다.

1. 공의의 하나님(30:1, 7절)

하나님께서는 자기 백성에 대해 무한대의 사랑을 베푸시나(요 3:16, 요일 4:9~10, 19절), 죄에 대해선 절대 묵과하지 않고 세상 사람들과 똑같이 대하신다. 세인(世人)의 죄는 멈추지 않고 계속되다가 하나님 진노의 저주와 심판으로 끝나지만, 성도의 죄는 하나님의 징계를 깨닫고 회개함으로(히 12:5~10) 결국은 다시 돌아오고, 새롭게 만드신다(시 86:5, 히 12:11~13). 하나님의 사랑이다.

2. 목자 되신 하나님(30:3~5)

선민 이스라엘처럼 하나님을 불신하며, 가는 곳마다 인도자 모세를 대적하고, 원망하고, 불순종하는 백성도 없었다. 하나님께서 이스라엘 언약의 조상인 아브라함, 이삭, 야곱에게 가나안 땅을 주신다고 하지 않았거나, 이스라엘과 천하 만빈을 구원하시는 언약의 메시아가 가나안에 성탄 하시지 않는다면 이스라엘은 벌써 바란 광야의 모래바람에 묻혔을 것이다(출 32:7~10, 민 14:11~12).

그러나 하나님께서 이스라엘 3대 족장에게 가나안을 언약하셨고, 구속사 메시아의 성탄이 오직 가나안 땅에만 있었기에 42년을 참고 기다리면서 모압 평지까지 자기 백성을 이끌어 주신 것이다. 비록 백성들이 가는 곳마다 모세를 거스르고 대적하며 불평했지만(출 32:1~8), 하나님은 언약만 생각하셨고, 고집불통 이스라엘 백성을 목적지까지 인도해 주셨다(시 23편). 하나님은 이스라엘의 어진 목자셨다. 지금도 예수님은 우리의 선한 목자가 되셔서(요 10:3~5, 11~15절) 거칠고 험한 광야 인생길을 하늘나라, 천성에 이를 때까지 끝까지 지켜주신다.

3. 생명의 근원이신 하나님(30:6)

이스라엘은 불신앙 · 불순종으로 메마른 광야에서 40년을 방황하는 나그네였지만 "너희 몸의 옷이 낡아지지 아니하였고 너희 발의 신이 해어지지 아니하였으며 너희에게 떡도 먹지 못하며 포도주나 독주를 마시지 못하게 하셨음은" (29:5~6) 하나님께서 그들의 생명을 지켜 주셨기 때문이다. 또한, 대적들이 일어나 가나안의 길을 막을 때마다 하나님께서 그들을 쳐서 이기게 하셨고, 이스라엘의 생명을 보존하셨다(2:24, 26, 32, 3:2, 29:7~8, 출 17:8~13).

우리의 나그네 인생길에도 전쟁, 기근, 지진, 질병과 온갖 사고 소식이 들려온다. 영적인 가나안, 하나님 나라를 향해 전진할 때 우리의 대장되시는 예수님께서 끝까지 우리 생명을 지켜 주시고 대적들로부터 보호해 주신다(시 27:1~6).

4. 만복의 근원 하나님(30:5, 9~10절)

이스라엘이 가나안에 안착했을 때, 비로소 애굽의 노예로 430년, 광야의 방황 42년 동안 얻지 못했던 모든 복을 한꺼번에 받게 된 것이다. 그 언약의 땅에 오실 메시아를 통해 하나님이 주시는 영육 간의 모든 복이 준비되었기 때문이다(28:1~14). 지금도 우리가 받아 누릴 모든 복이 영적인 가나안, 영혼의 안식처, 약속하신 하늘나라에 준비되어 있는데 그리스도 안에서 우리의 것이 되는 것은 하나님께서 만복의 근원이시기 때문이다.

5. 신실하신 하나님(30:9~10)

이스라엘은 출애굽 이후 42년 동안 단 한 번도 하나님께 감사와 영광을 돌린 적이 없다. 가는 곳마다 모세를 대적했고, 하나님께 원망 · 불평뿐이었다. 만약 하나님의 신실하신 속성이 없었다면 이스라엘은 벌써 광야에서 멸망했을 것이다. 신실하신 하나님의 말씀은 절대 변함이 없으시기 때문이다(민 23:19, 삼상 15:29, 말 3:6, 롬 11:29).

신실하신 하나님께서 이스라엘의 배신(출 32:1~10)과 패역에도(민 14:1~4) 불구하고 끝까지 그들을 가나안 땅으로 인도하신 것은, ① 아브라함과 이삭과 야곱에게 약속하신 메시아를 보내시며 ②메시아께서 가나안 땅에 성난 하신다는 약속을 주셨기 때문이다. 지금도 여전히 신실하신 하나님은 "내가 세상 끝날까지 너희와 항상 함께 있으리라" (마 28:20)는 약속대로 우리를 떠나지 않으시고 버리지 않으신다(사 49:14~17). 하나님은 우리의 아빠 아버지시다(막 14:36, 롬 8:15, 갈 4:6).

제 31강 모세의 최종 사역

본문 : 신명기 31장, 여호수아 1:1~7

모세는 3차에 걸친 긴 설교(1차-1:1~4:43, 2차-4:44~26:19, 3차-27:1~30:20)를 통해 율법 세우는 일과 언약 갱신하는 것을 사실상 마무리 지었다. 본 장부터 34장까지는 신명기의 결론으로 마치 부록과 같다. 모세는 자신의 나이 120세에 인생의 종말이 올 것을 알고(2절), 자신의 사역을 마무리 짓는다. 특히 본 장에서 알 수 있는 것은 자기의 후계자로 세워진 여호수아에 대한 격려와 위로이며, 여호수아와 함께 가나안에 들어가서 메시아 오심의 구속사를 수종 들어야 할 장로들에 대한 권면과 백성들에 대한 경계다. 본 장의 내용은 ①모세의 결별 말씀(1~8절) ②율법의 전수(9~13절) ③증거의 노래(14~23절) ④언약궤(법궤)에 모신 율법 책(24~30절) 이다.

첫째, 모세의 결별 말씀(1~8절)

모세가 죽고 난 이후, 언약의 땅 가나안에 입성해야 할 백성들과(1~6절), 자신의 후임 지도자 여호수아(7~8절)에게 강한 확신과 용기와 힘을 북돋아 주고 있다. 모세 자신도 이스라엘 백성들이 가는 곳마다 사사건건 내직했고, 하나님을 원망하여 다시 애굽으로 돌아가자 할 때도(출 14:10~12, 민 14:2~3), 그 사명과 믿음이 흔들리거나 퇴보하지 않은 것은 하나님께서 아브라함과 이삭과 야곱에게 언약하신 메시아 성탄이 확실했고, 그 성탄의 성지는 반드시 가나안이라는 확고부동한 신앙이 있었기 때문이다.

모세는 다시 한번 자기 백성들에게 ①가나안은 우리 땅이다. ②하나님께서 모든 대적을 물리쳐 주신다(3~4절). ③언약의 땅을 성취하기 위해 우리를 버리지 아니하신다(6절). ④후계자는 여호수아다(3절). ⑤40년 동안 나와 함께 하신 하나님께서 이제 여호수아와 함께 하신다(7~8절)고 말씀하고 있다. 모세의 말씀에서, 120세 고령에도 불구하고 끝까지 자기 사명을 완수하고 있는 충성스러운 지도자의 모습을 볼 수 있다. 모세는 40년 긴 세월 동안 오직 언약의 땅, 가나안 입성만 위해서 전력을 다해 모압 평지에 이르렀는데 정작 모세 자신은 그 땅에 들어가지 못하고, 여호수아에게 그 영광스러운 소임(所任)이 주어졌다(민 20:10~12, 신 32:51~52). 인간 모세의 섭섭한 감정을 어찌 다 표현할 수 있으랴. 그러나 모세는 자기감정을 사명에 이입(移入)시키지 않고 오히려 백성들에게 후계자가 여호수아인 것을 선포하면서, 위로하고 격려하는 참 지도자 · 목회자 상을 보여준다.

둘째, 율법의 전수(9~13절)

여기에서 모세오경이 완수된다. 모세가 40년 동안 가르친 모든 율법을 모아서 두루마리에 기록하여 펴낸 것이 모세오경이다(9절). 예수님은 이렇게 집대성한 모세오경을 가리켜서 '자기에 관한 것' (눅 24:27)이라 하시면서, "나를 가리켜 기록된 모든 것이 이루어져야 하리라" (눅 24:44)고 하셨으니 이는 곧 '구속사 성경 해석' 과 '구속사 설교'를 일컫는다. 그런데 한국교회는 모세오경뿐만 아니라 구약 성경 전체가 예수님에 대해 증언하는 데도(눅 27:27, 44, 47, 요 5:39) 구속사 성경 해석과 설교를 하지 않고 윤리 · 도덕만 전하는 인본적 성경해석과 자유주의 설교뿐이다.

모세는 레위 자손 제사장들과 모든 장로에게 ①오실 메시아에 대한 구속사 성경(모세오경)을 맡겼고 ②절기 때마다 그리스도에 관한 구속사 설교를 부탁했다(9~13절).

'매 칠 년 끝 해 곧 면제년의 초막절'(10절)의 '면제년'은 '안식년'(출 23:10~11, 레 25:1~7)이고, '여호와 앞 그가 택하신 곳(11절)'은 중앙 성소다. '초막절'은 출애굽 한 이스라엘이 광야에서 40년 동안 천막(초막)을 치고 생활한 것을 기념하기 위해 7월 15일부터 7일 동안 절기를 지켰다(레 23:34). 매년 초막절이 돌아오면, 이스라엘 백성은 광야로 나가 한 주간동안 초막을 치고 생활했는데 때마침 이 절기는 추수감사절이어서 기념일로 지킨 것이다(26:1~15). 이 절기엔 모세오경을 읽었고 백성들에게 들려주어(11절), 듣는 자들이 그 말씀을 지키며 행하게 하셨다(12~13절). 이 절기를 말씀대로 행한 것은 느헤미야 때였다(느 8~9장).

셋째, 증거의 노래(14~23절)

하나님께선 이스라엘 백성의 민속적 성향을 잘 아셨다. 그들이 언약의 땅 가나안에 들어가서 형통하게 될 때, 삼가 조심할 것을 주지(周知)시킨다. ①그 땅의 신들을 섬기지 말라. 만약 너희가 다른 신들을 섬기면 그 땅 백성들처럼 너희도 쫓겨날 것이다(19~20절, 4:25~28). ②그들의 풍습을 따르지 말라. 그들과 어떤 언약도, 혼인도 하지 말라(7:1~5). 모세 역시 자기 백성의 타락한 성향을 잘 알고 있었다. 지금 자기가 살아 있을 때도 서슴지 않고 죄를 범하는데, 죽고 난 이후엔 이보다 더 큰 죄도 저지를 것을 알고 있었다. 그래서 모세는 하나님의 분부대로 '증거의 노래'를 써서 백성에게 부르게 한 것이다(19~23절).

노래를 부르게 하신 이유는, ①그 노래가 백성들의 입으로 불리는 동안 자기 백성의 타락을 알고, 그것을 막아주시는 하나님의 사랑이기 때문이다. ②이런 예언적 경고에도 끝내 부패하고 타락한 자들에게 그 노래가 그들이 용서받지 못할 증거가 되기 때문이다.

넷째, 언약궤에 모신 율법 책(24~30절)

모세는 신명기가 다 완성된 후, 한 권의 책으로 만들어(모세오경) 언약궤(법궤) 안에 넣고, 자기 백성들에게 하나님만이 이스라엘 백성의 영원한 참 신인 것을 증명하였다.

성소 안에는 떡 상, 촛대, 향 기름, 휘장도 있지만, 대제사장만 일년에 단 한 번 들어가는 지성소(출 26:33)에는 오직 언약궤(법궤)만 있고 그 안에는 십계명을 기록한 두 돌 판이 들어 있다. 대제사장은 장차 언약의 땅에 자기 백성을 구원하러 오실 큰 대제사장 예수 그리스도의 모형이고(히 4:14), '지성소'는 대제사장 예수께서 영원히 계실 천국의 왕좌(계 21:22~24)이고, '언약궤'는 구속사를 성취하러 오실 그리스도 자신의 모형이다.

언약궤(증거궤) 안에 계명을 쓴 두 돌 판이 들어 있는 것은 신약·구약을 통해 말씀하시는 교회의 주인은 오직 예수님 한 분이신데, 그 예수님께서 교회에 하시는 말씀만 생명이요, 영생을 주시는 진리 복음 구속사인 것이다. 그렇기에 '언약궤' 에 모신 율법 책(31:25~26)은, 교회는 오직 예수 그리스도의 구속사 진리만 증거 해야 하고, 모든 장로, 레위인, 백성들(신약교회 성도들)은 구속사 진리 복음만 믿고 따라야 할 것을 가리킨다. 그렇지 않으면 이스라엘은 모세가 죽은 후에 스스로 부패하여 멸망의 지경에 이를 것이다(31:28~29). 구속사 진리 복음이 없는 교회는 문을 닫게 될 것이라는 예고다.

◈ 하나님의 사역자 모세 ◈

모세는 처음에 하나님의 부르심에 관심이 없었다. 장인 이드로의 양을 몰고 호렙산에 갔다가 우연히 떨기나무 불꽃 가운데 나타나신 '여호와의 사자' (그리스도)를 만났고, 하나님의 부르심을 받고 이스라엘 백성의 사역자가 되었다(출 3:1~12). 그는 선민의 지도자(영도자)가 되었지만 그 선택하심이 너무 막중하여 처음엔 몇 차례 거절하기도 했다(출 4:10, 13, 6:12, 30절). 그러나 하나님의 부르심이 자기에게 주어진 절대적 사명인 것을 알고 그때부터 어떤 고난, 박해, 심지어 돌로 쳐 죽이려고 덤벼도 피하지 않고 고스란히 감당했다. 사역자가 되는 것은, 그리스도께서 구속사 도구로 쓰시기 위해 부르신 것이니 맡겨주신 사명은 끝까지 계속되어야 한다.

1. 모세는 하나님의 뜻대로 믿고 따랐다.

모세는 호렙산부터 모압 평지에 이를 때까지 단 한 번도 하나님의 뜻을 거스른 적이 없었다. 백성들이 돌로 치며 대적할 때도 하나님께 다 맡기고, 땅에 엎드렸을 뿐이다(민 14:5, 10, 16:4). 신 광야 가데스의 므리바 물 사건으로 하나님께 신성 모독죄(제3계명)를 범하므로 그의 사역이 끝나고, 사망 선고가 내려졌을 때도(민 20:1~13, 27:12~14, 신 32:48~52) 모세는 죄의 용서를 구하며 두 말없이 히나님의 뜻대로 되기를 순종했다.

모세는 하나님의 뜻을 받들어 드리려고 자신은 없어지고, 모든 고난, 시험과 싸우면서 소망과 언약의 땅 가나안 입구까지 왔는데 하나님께서 네가 그 땅을 보기는 해도 들어가지는 못한다고 하실 때(31:2~3, 32:52) 얼마나 낙심되고 억울하겠는가. 얼마든지 하나님께 따질 수 있었으나 모세는 그러지 않았고, 아무런 반항도 없었다. "내 주여 뜻대로 하옵소서."

이제 모세는 사역에서 은퇴했지만 자기가 원해서 이스라엘의 사역자가 된 것은 아니다. 그리스도의 부름을 받고(출 3:2) 족장에게 주신 언약대로, 인류 구원의 구속자로 오시는 메시아의 구속사 도구가 된 것이다. 모세의 뜻은 없었고 오직 그리스도의 뜻만 계셨다. 40년이 지나고 은퇴한 모세에게 여전히 그리스도의 구속사 밖에 없었다. 만약 40년 전에 모세가 원해서 시작된 사역이었다면 지금 모세는 쉽게 은퇴하지 못했을 것이다. 하나님이 원하셔서 목회자가 되어 큰 교회를 이뤘고, 오늘 은퇴할 때 내가 원하는 대로 한다면 당신은 그저 삯꾼일 뿐이나. 하나님이 세워주신 참 목회자가 아니다.

2. 모세는 백성에게만 마음이 있었다.

하나님께서 모세에게 이제 사역에서 그만 물러나라 할 때, 모세는 하나님의 뜻을 그대로 받아들인다. 인간적으로 얼마나 마음이 가볍고 속 시원한 일 인가. 40년이나 졌던 무거운 사역의 짐을 내려놓게 되었으니 이젠 자유인이다. 그러나 구속사의 사람(도구) 모세는 그렇게 못했다. 자기에게 한평생 반항하고 대적했던 백성들이었으나 막상 헤어지려니 가슴 아픈 것이다. 40년이나 품어 온 내 백성들인데 과연 그들이 나 없이도 가나안 땅에 무사히 들어가서 좋은 나라를 만들고, 하나님 말씀대로 살 수 있을까, 염려하면서 율법에 대한 노래를 지어 부르도록 했다(31:21~22). 모든 목회자의 마음이 이래야 한다. 은퇴하는 자신보다 남아있는 성도들이 더 잘되길 바라는 아름다운 은퇴자가 되어야 한다. 그 마음을 하나님은 아신다.

3. 모세는 여호수아에 대한 염려가 더 컸다.

모세는 오직 들어가야 할 언약의 땅 가나안만 바라보고 수십 년을 참고 견디면서 드디어 모압 평지에 이르렀는데, 하나님께서 모세의 자리에 여호수아를 세우셨다. 갑자기 하나님의 사랑이 모세를 떠나 여호수아에게 옮겨 간듯하다. 하나님에 대한 섭섭한 감정과 여호수아에 대한 시새움과 질투가 생길 수도 있었다. 감출 수 없는 인간의 속성이다. 그러나 참 하나님의 사람, 그리스도의 구속사 도구였던 모세는 그러지 않았다. 오히려 가중(加重)된 사역자의 짐으로 인해 자기 대신 모든 고통의 십자가를 지게 될 후계자 여호수아를 생각할 때 오히려 안타까운 마음뿐이다. 여호수아는 40년 넘게 모세를 모셨던 좋은 조력자였고, 모세의 뒤를 이어 갈렙과 함께 제2의 구속사 도구가 된 것이다(민 13:30, 14:4~9).

착하고 신실한 목회자도 은퇴하게 되면, 지금까지 자기를 섬기고 도왔던 성도들의 사랑을 갓 들어온 후임자에게 빼앗긴다는 생각에 자연히 시샘과 질투가 생겨 후임자를 미워하고, 싸우기까지 하는 것이다. 인간 모세는 후계자 여호수아에 대한 감정이 어떠했는가. 구속사 신앙의 도량(度量)이 컸던 모세는 자기 백성들에게 여호수아를 크게 소개했고(31:1~5), 여호수아를 불러서 위로하고 용기와 담대한 능력을 불러 일으켰다(6~8절). 자기보다 능력 있고 월등한 큰 지도자가 되라고 격려했다.

신약시대에 베드로와 마가, 사도 바울과 디도, 디모데가 바로 모세와 여호수아 관계와 같다. 은퇴하는 전임자는 자기 자리를 후임자에게 아낌없이 내어 줄 수 있어야 한다. 그리스도의 구속사에서는 사랑하는 아들이기 때문이다(딤전 1:18, 딤후 1:2, 2:1, 벧전 5:13~14 등).

제 32강 모세의 노래

본문 : 신명기 32장, 7:1~16, 8:11~19

본 장에서는 하나님의 지시로 모세가 노래를 지어서 자기 백성 이스라엘에 들려준다. 노래의 내용은 언약의 땅 가나안에 들어가 살면서 죄를 범하므로 환난과 고초를 당하게 될 때, 그들 스스로 죄를 깨닫고 회개하고 다시 하나님께 돌아오라는 것이다. 내용은 ①하나님의 은혜와 이스라엘의 배신(1~18절) ②하나님의 심판(19~25절) ③하나님의 구원(26~43절) ④모세의 죽음 예고(44~52절) 이다.

첫째, 하나님의 은혜와 이스라엘의 배신(1~18절)

신명기 32장, 모세의 노래는 모세가 '모압 평지' 에서 지은 노래였기에 아직 언약의 땅 가나안에 입성하기 전이다. 모세는 어떻게 이스라엘이 가나안 땅에 들어가서 하나님을 배신할 것을 알고 있었을까? 그것은 모세가 40년 동안 자기 백성의 지도자 겸 그리스도의 사역자였기 때문에 그들의 성향을 너무도 잘 알았다.

이스라엘과 함께했던 지난 40년을 반추(反芻)해 보면, 그들은 하나님께 감사도 없고, 메시아를 보내 구원하시는 구속사 신앙을 가져본 적도 없다. 오히려 가는 곳마다 모세를 대적했고, 하나님을 원망하면서 '다시 애굽으로 돌아가자' (출 14:10~12, 민 13:31~14:4)는 배신, 배교뿐이었다.

이제 젖과 꿀이 흐르는 제2의 에덴동산과 같은 가나안에서 잘 먹고, 잘살게 되면 자기 하나님을 버리고 그 땅의 신 바알과 아세라를 섬길 게 분명했다. 모세는 직감적(直感的)으로 알았다. 그래서 모세는 자기 백성들이 언약의 땅에 들어가기 전에 노래를 지어 교훈으로 삼고 있다. ①과거에 주셨던 하나님의 은혜를 기억하라. ②하나님을 배신·배교하면 가나안 일곱 족속처럼 이스라엘도 그 땅에서 쫓겨날 것이다(7:1~16, 8:11~19, 9:3~5, 28:15~68).

둘째, 하나님의 심판(19~25절)

하나님의 은혜와 그 땅에 오실 메시아의 구원과 족장들에게 주신 구속사 복음과 성탄의 영광을 떠나서, 가나안의 화려한 문명과 넘쳐나는 물질과 수 천 년 동안 이어온 그들의 토착문화와 우상 숭배에 빠져 타락하고, 여호와 하나님과 구속사 계시의 신 메시아를 떠나 배교한다면 이미 신명기 28:15~68에 있는 모든 저주와 심판을 쏟아 부을 것이고, 동시에 다른 저주의 심판까지도 겸한다는 경고다.

①하나님께서 그들과 모든 관계를 끊으신다. 성도에게 가장 큰 징계는 하나님의 교제 단절이다. 그의 육신과 영혼까지 다 버리시는 하나님의 무관심이다(롬 1:24, 26, 28절). 차라리 채찍이 더 나은 형벌이다. ②천하의 열국들까지도 원수가 되게 한다(21절). ③창조된 만물도 이스라엘에서 돌아선다(22절). 창조된 그 어떤 것도 이스라엘에 도움이 되지 않는다는 철저한 단절이다. ④그 땅에서 이스라엘을 토하여 내친다는 저주다(23~25절, 4:26, 레 28:28). 이 중에서 가장

잔혹한 것은 ①이다. 왜 하나님의 간과(看過)가 성도에게 가장 참혹한 형벌인가? 차라리 매를 맞는 건 아직도 하나님이 자기를 잊지 않고 계신다는 사랑의 증표지만(히 12:5~13), 간과하셨다는 것은 하나님이 관심도 없고 버리셨다는 것이다. 바벨론, 앗수르, 모압, 암몬, 에돔, 메데, 파사 등 한번 유기(遺棄)된 나라는 이 땅에서 흔적도 없이 사라졌다. 그러나 이스라엘은 그들보다 더 큰 징벌을 받았지만, 하나님께 간과(유기)되지 않아서 지금도 존재하고 있다. 다윗의 가장 큰 회개도 유기였다(시 51:10~11). "주의 성령을 내게서 거두지 마소서."

셋째, 하나님의 구원(26~43절)

이스라엘이 언약의 땅 가나안에 들어가서 과거에 주셨던 하나님의 사랑과 구속사 은혜를 주시려 이 땅에 오실 메시아를 생각했다면, 그 땅에서 여호와 하나님도, 구속사 성취를 이루려고 오실 메시아도 배신하지 않았을 것이다(32:1~18). 그러나 하나님의 백성은 그 땅의 문명과 풍요로움과 토속적 음란문화와 우상숭배에 빠져서 족장에게 주신 언약도, 구속사 진리 복음도 다 잊어버렸고, 광야 40년을 인도하신 하나님마저 버렸기에 하나님께선 대적을 들어 이스라엘을 치고, 산지사방으로 흩어버린 것이다(32:19~25).

그때, 이스라엘을 치고 망하게 했던 원수들은 기뻐하며 다시는 이스라엘이 이 세상에 존재하지 못할 것으로 알았다. 그러나 이스라엘이 원수(대적)들에게 망한 것은 모략도 없고, 분별력도 없고, 깨닫지 못하는 무지한 백성이요(28~29절), 그들에게 죄가 없다면 어찌 하나님이 자기 백성을 이방에 내 주셨겠는가(32:28~33). 이스라엘을 망하게 하여 엎어지게 한 대적들은 미리 좋아하거나 즐거워하지 말라는 것이다(32:27~30).

넷째, 모세의 죽음 예고(44~52절)

모세에게 '증거의 노래' 를 지어 이스라엘에 가르치고 부르게 하신 하나님께서는 이제 그 일이 끝나자, 모세의 죽음을 예고하셨다(민 27:12~14, 신 31:14~16). 모세의 위대한 회고록은 시편 90편이다. 그의 죽음 직전의 기록은 신명기 34장이다.

◈ 하나님 선민에 대한 사랑 ◈

본 장에는 선민 이스라엘을 극진히 사랑하신 하나님의 은혜가 자세하게 기록되었다. 심지어 하나님 저주의 심판까지도 그들에겐 깨닫고 회개할 기회였으니 이 또한 하나님의 사랑과 은혜다. 그 은혜는 구체적으로 무엇인가?

1. 이스라엘만 선민이다(32:8~9).

다른 이방 백성에게는 땅과 나라만 주셨으나 이스라엘은, ①아브라함부터 하나님의 백성으로 선택받았고(출 4:22) ②세상을 구원하실 메시아의 제사장 나라가 되게 하셨고(출 19:6) ③세계 만민의 구원이 이스라엘에서 이뤄지게 하셨다. 이는 하나님께서 이스라엘에 주시는 큰 은혜와 사랑이다(롬 9:4~5).

2. 언약을 기억하시는 하나님의 은혜(32:6~7)

이스라엘이 죄지은 대로 공의로우신 하나님께서 심판하셨으면 이방인들처럼 벌써 멸망했을 것이다. 그러나 이 세상을 구원하러 오시는 메시아께서 언약의 땅 가나안에 초림하시고 재림하실 것이므로(슥 14:4), 이스라엘 족장들에게 언약하신 대로 징계는 하지만 아주 없애지는 않는다.

인류의 사가(史家)였던 아놀드 토인비(A. Toynbee)는 어느 민족이든지 망한 지 100여 년이 되면 다시 나라를 찾을 수 없게 되는 건 30년이면 문자가 없어지고, 다시 30년이면 말을 잃고, 마지막 30년이면 문화적인 풍습도 없어지기 때문이라고 했다. 단 유대 민족은 제외라고 했다. 유대인들은 2000년이나 나라를 잃었지만, 다시 회복된 미스터리(mystery)라는 것이다. 그러나 우리는 알고 있듯이, 그 땅에서 인류 구원의 메시아의 구속사가 이뤄져야 하고 또한 재림도 있어야 하기 때문이다.

3. 대적을 물리쳐 주시는 은혜(32:10~12)

출애굽 한 이스라엘이 가나안 땅에 들어가기까지는 더위와 추위, 배고픔과 목마름(기갈), 많은 질고(疾苦)가 있었지만, 그보다 인재(人災)의 재난이 더 컸다. 홍해 재난은 한나라를 삼킬 수도 있었다. 40년 광야는 이스라엘이 아니면 어느 나라도 모두 사멸(死滅)될 수밖에 없는 대 환난의 길이었다. 가는 곳마다 대적은 얼마나 많았는가? 하나님께서 이스라엘을 지키시고 보존하지 않았다면 선민의 존재는 벌써 인류 역사에서 흔적조차 찾을 수 없을 것이다. 하나님께서 인류 구원의 구속사가 가나안 땅에서 반드시 성취되어야 하므로 대적을 물리쳐 주시고, 마침내 그 언약의 땅에 입성하게 하신 것이다.

4. 이스라엘을 연단 시키는 훈련(32:11, 15~26절)

이스라엘은 40년 동안 불신앙과 불순종의 껍질을 벗는 극한 훈련을 받았다. 그 훈련의 연단이 없이는 누구도 언약의 땅 가나안에 들어갈 수 없기 때문이다. 광야에서의 40년 훈련의 연단을 통과한 2세대의 새로운 사람들만 그 언약의 땅에 입성하게 된다.

하나님께선 오늘날 성도의 불결한 것, 불신앙, 불순종의 껍질을 벗겨 내시고, 성령의 새로운 심령으로 창조하시기 위해(롬 12:1~2, 엡 4:17~32) 온갖 고난, 시험, 질병, 물질의 어려움을 주신다. 세상 사람들에게 당하는 육체적 고난은 멸망일 수 있지만, 우리에게는 절대로 망하지 않는 연단의 훈련일 뿐이다. 훈련을 잘 받은 이스라엘에 가나안이 안식이었듯이 훈련과 연단을 잘 받고 견딘 우리에겐 영원한 하늘나라가 안식이다(히 4:8~13).

5. 메시아를 모신 은혜와 사랑(32:12, 39~40, 43절)

선민 이스라엘 백성은 3대 족장에게 언약하신 메시아의 구속사 믿음과 그 믿음대로 가나안 땅에 들어가려는 순종이 없이는 누구도 가나안 땅에 들어갈 수 없다. 하나님께선 이스라엘에 가득한 불신앙과 불순종을 깨뜨려 구속사 신앙을 갖게 하시려고 광야 40년의 철저한 순종의 훈련을 시키셨다. 다른 민족은 절대 감당할 수 없는 고난과 시련의 혹독한 훈련을 선민에게 받게 하셨다.

그 땅에 들어간 후에는 가나안의 일곱 족속처럼 쫓겨나지 않도록 하기 위해 모세에게 오경을 다 쓰게 하셨고, 그것을 '모세의 노래' 즉, '메시아를 모시는 구속사의 찬가'로 만들어서 모세 시대의 백성과 그 자손들까지 영원히 부르게 하셨다. 이스라엘에 가장 큰 은혜요, 메시아 예수님의 구속사 사랑이 아닐 수 없다(32:44~47).

제 33강 모세의 축복

본문 : 신명기 33장, 창세기 49:1~28

'하나님의 사람 모세'가 죽기 전에(1절), 느보산에 올라(32:49, 34:1, 민 27:12) 자기 백성 이스라엘을 축복한 것으로 예언적인 유언도 담겨 있다. 창세기에는 예언적인 축복으로 노아의 예언(창 9:26~27), 이삭의 예언·축복(창 27:27~29), 야곱의 예언·축복(창 28:15~16, 49:1~28)이 있다. 특히 야곱이 열두 아들에게 먼 장래를 위해 예언하는 유언(창 49장)과 비슷하나 모세의 유언은 순수한 축복이다. 본 장의 내용은 ①여호와의 임재(1~5절) ②각 지파에 대한 축복(6~25절) ③여호와의 크신 구원(26~29절)이다.

첫째, 여호와의 임재(1~5절)

모세 축복의 서언이다. 모세는 이스라엘을 축복하기 전에 두 가지를 소개한다. ①자기 자신을 가리켜서 '하나님의 사람(אִישׁ הָאֱלֹהִים · 이쉬 하엘로힘)'이라고 한다. 모세 자신이 '하나님의 사람'이라고 소개한 것은 오경에서는 이곳뿐이다(수 14:6). 모세 외에는 사무엘(삼상 9:8), 엘리야(왕상 17:18), 엘리사(왕하 4:27), 무명의 예언자(삼상 2:27, 왕상 13:1) 등이 하나님의 사람으로 불렸다. ②여호와의 임재를 소개한다. "시내 산에서 오시고 세일 산에서 일어나시고 바란 산에서 비추시고 일만 성도 가운데에 강림"(2절) 하셨다고 소개한다.

그러므로 모세가 '하나님의 사람' 으로 축복하는 것이 아니라, 지금 모세가 죽어야 하는 '느보산' 에 오신 여호와 하나님께서 자기 백성 열두 지파에 복을 주신다는 것이다. 모세를 통해 자기 백성을 복 주시는 여호와는 '여수룬의 왕' 이시다.

'여수룬(יְשֻׁרוּן · 예슈룬 · Jeshrun, 32:15, 33:5, 26, 사 44:2)이란, '곧은' '정직한' 이란 뜻의 '야솨르(יָשַׁר)' 의 형용사에서 파생된 것으로 '의로운 자' '사랑하는 자' '훌륭한 자' '경건한 자' 등으로 이해한다. 그중에서도 '의로운 자' 라는 뜻이 본문과 가장 가깝다.

'여수룬의 의로운 왕' 께서 이스라엘에 복 주시려고 모세가 임종하는 느보산과 가나안 땅에 임재하신 그분은 누구신가? 출애굽 이후 42년 가까이 모세와 함께 계셨던(출 33:2~3), 구속사를 이루려고 자기 땅에 오실 메시아 예수님이다. 모세 이후에는 여호수아와 함께 계시면서 언약의 땅 가나안에 신정국가(神政國家)를 이루려고 오시는 하나님이시다. 아무리 혈통적으로 아브라함의 자손이라도 오시는 메시아를 모시려고 언약의 땅 가나안에 들어가지 않으면, 그는 메시아의 축복을 받지 못할뿐더러 사실상 이스라엘 백성도 아니다(롬 9:4~8, 히 3:12~4:13 참조).

둘째, 각 지파에 대한 축복(6~25절)

이스라엘 열두 지파에 대한 모세의 축복으로 창세기 49장 야곱의 축복과 비교할 수 있다. ①야곱의 축복은 열두 아들의 순서대로 했으나 본문은 네 명의 부인이 낳은 아들을 묶어서 축복했다. ②야곱의 축복은 열두 아들의 행위에 따라 각각 복과 저주가 따랐지만, 모세의 축복엔 저주가 없다. ③야곱의 축복은 미래에 될 예언적 선포가 있지만 모세는 유언만 남겼을 뿐이다. 즉 모세는 언약의 땅 가나안에서 이스라엘이 메시아를 모시면 반드시 복을 받게 된다고 믿고 있었다.

(1) 르우벤, 유다, 레위

야곱과 레아 사이에 낳은 르우벤(6절), 유다(7절), 레위(8~11절)에 대한 축복이다. 창세기 49장에는 르우벤, 시므온, 레위가 열두 아들 가운데 가장 큰 저주의 대상이었고, 유다와 요셉이 복을 받았으나 본문에는 레위와 요셉이 가장 큰 복을 받는다(13~17절).

(2) 베냐민, 요셉

야곱과 라헬이 낳은 아들 베냐민과 요셉이 복을 받는다.

(3) 잇사갈, 스블론

레아의 다섯 번째 아들 잇사갈과 여섯 번째 아들 스블론이 복을 받는다(18~19절).

(4) 갓, 아셀, 단, 납달리

레아의 여종 실바가 낳은 갓과 아셀, 라헬의 여종 빌하의 아들 단과 납달리도 복을 받는다(20~25절).

(5) 시므온이 빠진 이유

이상한 것은 야곱과 레아의 두 번째 아들 시므온이 빠졌는데 이유가 있다. ①유다 지파에 흡수되어 그 경내에 살았기 때문이다(수 19:1~9). ②세겜 사건으로(창 34:25~26) 시므온은 부친 야곱에게 큰 저주를 받았으나(창 49:5~7) 끝내 회개하지 못하고, 가나안의 분깃을 잃어버린 것(민 25:14)이 아닌가 추측할 뿐이다. 유다 지파에 편입되어 시므온 지파는 없어진 것으로 본다. 야곱의 축복(창 49:1~28)과 모세의 축복을 비교하면 모세의 축복은 453년 후의 일이다. 계시의 점진성(Progressive revelation)으로 볼 때, 450여 년 전의 야곱의 축복보다 모세의 축복이 더 발전된 것으로 본다.

셋째, 여호와의 크신 구원(26~29절)

모세 축복의 결론이다. 좁게는 본 장의 이스라엘 열두 지파에 속한 백성들에 대한 축복이요, 넓게는 신명기 31~33장에 기록된 모든 것을 다 포함한 것에 대한 축복이다.

이는 이스라엘 백성이 언약의 땅 가나안에 들어가서 오실 메시아로 말미암아 이뤄지는 구원의 은총이다. 그 메시아의 구원에 참여하여 영생 얻을 자는 구속사에 속해지는 자기 백성들이다.

(1) 여수룬의 하나님은 메시아시나

'여수룬' 의 하나님은 이스라엘 가운데 하나님의 언약을 이루려고 오신 메시아다(26절, 창 3:15, 12:1~3, 13:14~17, 15:5~7,

17:4~8, 22:17~18, 26:3~4, 27:29, 28:13~15 등). 아담의 타락으로 영과 육이 다 소멸하는 원죄를 입었으나 하나님께서 원죄의 세상을 구원하시려고 하나님 아들의 언약을 세우셨고(창 3:15), 아브라함에게 그 인류를 구원하실 메시아의 구속사가 히브리 민족에게서, 또한 가나안 땅에서 성취된다고 구속사 언약 계시를 선포하신다(33:26).

(2) 여수룬이 되는 것은 메시아를 모셔야 한다

이스라엘이 '여수룬' 이 되는 것은 언약의 땅 가나안에 들어가서 이스라엘과 모든 인간을 죄에서 해방하는 메시아를 모시게 될 때 바로 그 백성이 된다(27절). 이는 자기 스스로 '의로워진 백성' 으로 여수룬이 되는 것이 아니라 메시아의 골고다 십자가에 찢긴 살과 흘리신 피로 속죄됨을 믿음으로 의롭다 여겨지는 것이다(롬 3:23~31, 갈 2:16).

(3) 메시아의 백성

언약의 땅에 들어온 자는 구속사 성취를 이루려고 오신 메시아의 백성이 되었으므로 메시아의 승리에 함께 참여한 자가 된다. 그러므로 메시아의 영광이 그분을 모시는 백성의 영광이 되어 영원히 부끄럽지 않게 된다(27, 29절, 계 22:3~5).

(4) 여수룬의 백성

'여수룬' 의 백성이란, 선민 이스라엘뿐만 아니라 누구든지 아브라함의 믿음만 있으면(창 15:6) 의인이 되어(롬 4:9, 18, 갈 3:6, 약 2:23) 예수님을 자기의 왕(여수룬의 왕)으로 모실 수 있다. 그러나 혈통적으로 아브라함의 여수룬이 되었다 해도 오신 메시아의 믿음이 없고, 속죄의 피가 보이지 않으면 그는 여수룬도 아니고, 예수님도 자기 왕이 아니다(롬 3:26~29, 9:4~8).

(5) 메시아로 구원된 여수룬의 백성

예수님께서 이스라엘 백성들을 향해 "너희가 아브라함의 자손이면(여수룬의 자손) 아브라함처럼 나를 믿을 것이나 너희는 아브라함의 자손이 아니기 때문에 나를 믿지 않는다" (요 8:39, 42, 47절) "너희는 너희 아비 마귀에게 났으니 이는 저가 거짓말쟁이요 거짓의 아비가 되었음이라" (요 8:44)고 하셨다. 누구든지 메시아의 구속사로 구원된 백성은 '여수룬' 이 되었고, 그리스도를 왕으로 모신 자는 '여수룬의 왕' 을 섬기는 것이다.

제 34강 모세의 죽음

본문 : 신명기 34장, 32:48~50

구약시대, 메시아의 가장 위대한 그릇은 모세였다. 이제 이스라엘을 축복한 모세는 하나님의 명령에 따라 느보산에서 생의 최후를 맞는다. 구속사의 지도자였던 모세의 사명이 끝나자 그의 뒤를 이어 여호수아가 제2의 구속사 도구가 된다. 문제는 신명기의 마지막 장, 34장을 누가 기록했는가, 이다. 죽어가는 사람이 자기의 임종을 실제로 쓸 수 없기 때문이다. 이에 대한 견해는 ①모세는 신명기 전체를 기록했다(philo, Josephus). ②31:23까지 기록했다(Hengstenberg). ③33장까지 기록했다(Schultz). ④34장은 여호수아의 기록이다(Talmud). 그러나 누구도 알 수 없다. 다만 위대한 고인(故人)의 마지막 작품은 그를 존경하는 자가 대신 써 주는 히브리 문학의 관례로 보아 모세의 마지막 성경, 신명기 34장은 모세의 임종을 곁에서 지켜본 사람이 썼을 것이다. 바로 여호수아나 엘르아살이다(Calvin). 본 장의 내용은 ①느보산의 전망(1~4절) ②모세의 죽음(5~8절) ③모세의 구속사 그릇(9~12절)이다.

첫째, 느보산의 전망(1~4절)

이스라엘 열두 지파를 일일이 축복한 모세는(33:6~25), 하나님의 명에 따라 모압땅 아바림 산맥의 최고봉인 느보산에 올라가(32:49)

여리고 맞은편 비스가 산꼭대기에 이르자, 여호와께서 요단강 동편 길르앗 온 땅을 보이셨다. 더 나아가 여리고 골짜기 평지의 소알 땅까지 보이셨다(34:1~3). 그 땅은 하나님께서 모세보다 680년 전에 아브라함에게 보이셨고(창 13:14~16), 이삭에게(창 26:2~5), 또한 야곱에게도 보이시며 언약해 주신 땅이다(4절, 창 28:13~14). 실로 그곳은 모세에게 출애굽 후 42년 동안 가고 싶었고, 보고 싶었던 대망의 땅이었다. "저 곳에 하나님의 아들 메시아가 오시는가. 나의 주님, 어서 오시옵소서" (계 22:20). 그러나 모세는 더는 갈 수가 없다. 느보산에서 멀리 언약의 땅을 바라보며 구속사의 큰 그릇으로 잠들게 하신다(살전 4:14). 히브리서 11:24~26을 상고(詳考)하라.

120년 모세의 생애는 고난으로 점철된 인고의 세월이었다. 42년간 오실 메시아의 구속사 그릇 · 도구로 아브라함, 이삭, 야곱에게 언약 된 메시아의 땅으로 자기 백성을 인도한 이스라엘의 영도자요, 창세기 15:12~16을 완성한 구속사의 선구자였다. 족장들은 언약의 땅 가나안에 대한 환상이 있었고, 그 환상을 완성한 자는 모세였고, 여호수아였다. 구약에는 모세, 신약에는 사도 바울이 있어서 메시아의 구속사는 진리 복음으로 완성되어 세계에 이르게 된 것이다. 하나님은 이 두 거장(巨匠)을 인정하신다(민 12:6~8, 행 9:15~16).

둘째, 모세의 죽음(5~8절)

메시아 오심의 구속사의 종 모세는 '여호와의 말씀대로(עַל־פִּי יְהוָה · 일피 예흐아)' 모압 땅에서 죽었다. 문자적으로는 '여호와의 입을 따라' 이다. 모세는 분명히 죽어서 모압 땅에 있는 골짜기에 장사지냈는데 그러나 지금까지 그 묘를 아는 자가 없다(5~6절)고 하셨다. 예수님의 변화산 사건에서(마 17:1~8, 막 9:1~8, 눅 9:28~36) 하늘로 승천한 엘리야가(왕하 2:1~14) 모세와 함께 나타난 것으로 보아 모세도 죽지 않고 승천한 것이 아니냐는 주장(M.Henry, Alexander)도 있지만, 본문과 다른 곳에서도 모세의 죽음을 하나님이 직접 말씀하시므로(32:50, 민 31:2) 그는 죽었다고 봐야 한다(유 1:9).

모세가 죽을 때 나이가 120세였다(7절). 그것은 하나님께서 홍수 후에 인류에게 정해 주신 수명이다(창 6:3). 따라서 인생은 고령이 되면 육신의 기력은 어쩔 수 없이 수척해지나(31:2), 모세의 눈은 흐리지 않았고 기력도 쇠하지 않았다. '그의 눈이 흐리지 아니 하였고(לֹא־כָהֲתָה עֵינוֹ · 로 카하타 에이누)' 라고 한 것을 보면, 혹자는 이 눈은 '영안' 을 가리킨다고 하지만 문자적인 표현이므로(34:7) 육신의 눈이라고 봐야 한다. 특히 본 장에 '보이시고(וַיַּרְאֵהוּ · 와야르에후)'가 3번 나오는 것을 보면(34:1, 3, 4절) 육안이 분명하다. 그러나 모세는 워낙 영적 안목도 충만했으므로 영육 간에 눈이 밝았다고 해야 할 것이다.

모세가 죽은 후, '30일을 애곡했다' (8절) 는 것은 오늘날로 하면 국장(國葬)을 한 것이다. 유대인의 애곡 기간은 7일이었으나(창 50:10, 삼상 31:13) 야곱은 애굽에서 70일 국장을 치렀다(창 50:3).

셋째, 모세의 구속사 그릇(9~12절)

이미 하나님께서는 모세의 후계자로 여호수아를 제2의 구속사 그릇(도구)으로 선정하셨다(9절, 31:14, 민 27:15~23). 하나님께서는 여호수아에게 '지혜의 영(רוּחַ חָכְמָה · 루아흐 호크마)'을 충만히게 하셔서 그 직무를 감당하게 하셨고, 백성들도 모세의 명대로(31:1~8) 여호수아 앞에 순종하였다. 모세 사후 본 장을 대필(代筆)한 기록자는 간단하게 나마 인간 모세, 그러나 메시아의 전형적인 그릇인 모세를 극찬하고 있다(10~12절).

(1) 이스라엘의 최고 선지자였다(10절).

'선지자(נָבִיא · 나비)'는 하나님 계시의 말씀을 받아서 자기 백성에게 전했던 중보자였다. 실로 모세만큼 하나님의 계시를 받아 전한 자도 없었다.

(2) 모세는 하나님과 직접 대면했다(10절).

모세 외에 다른 선지자, 족장, 제사장, 왕 등은 하나님을 환상으로 보고 계시의 소리를 들었다. 그러나 모세는 여호와 하나님의 실상(실존)을 보고 만난 자였다(출 33:20~23, 34:28~29, 33~35, 민 12:6~8). 인간으로 하나님을 직접 만나 대면한 자는 모세 외에는 없다. 하나님의 실체이신 예수님 오시기 선이다.

(3) 모세는 구속사의 그릇(도구)이었다(11절).

모세는 이스라엘 3대 족장에게 주신 언약, 오실 메시아의 구속을 위해 직접 애굽에서부터 언약의 땅 가나안까지 자기 백성을 인도하여 이끌었다.

(4) 하나님의 신적 권능과 위엄을 행했던 그리스도의 일꾼이었다(12절).

모세는 구속사 언약을 성취하기까지 인류 최초로 하나님으로부터 신적 권능을 물려받아서 그 당시 천하 대국 애굽을 심판했고, 광야 42년 동안 모든 대적을 물리쳤다.

이 모든 것 보다 모세의 위대한 점은 모세는 장차 자기 땅에 오실 ①예수님의 모형이요 ②그리스도의 형상이었고 ③그의 평생에 기록한 하나님 계명의 규례와 율법의 법도는, 장차 언약의 땅에 오셔서 구속사 진리 복음으로 선민과 천하 만민을 구원시킬 메시아의 그림자였다는 것이다. 그러므로 모세 오경은 그리스도 구속사의 표본이고(마 5:17~19), 구속사 진리 복음은 모세오경의 원본이라 할 수 있다. 그러므로 모세 오경이나 구속사 진리 복음의 주인공은 오직 예수 그리스도시다. 나머지는 모두 구속사의 도구들이다.

◈ 모세 죽음의 의미 ◈

인간은 누구도 죽음을 피할 수 없다(시 49:9~10, 89:48). 그토록 죽음을 면제받으려고 발버둥 쳤던 중국의 진시황(始皇帝)도 결국 북망산의 한주먹 흙이 되었고, 20세에 왕이 되어 세계를 평정했던 마케도니아의 알렉산더 대왕(B.C. 357~323)도 33세의 젊은 나이로 죽었다.

원래 인간은 불사영생(不死永生)의 존재였다(창 1:27~28). 그러나 하나님의 절대적 계명을 어기고(창 2:17), 아담의 타락으로 그 원죄가 인간 본질의 생명체에 침입하여(창 3:1~6) 죽음이 인간의 필연(必然)이 된 것이다(창 3:17~19). 누구나 맞아야 하는 필연적 운명이 죽음이지만 값진 인생의 자리에서 맞느냐, 헛된 생애로 맞느냐, 하는 것은 전혀 다르다. 모세의 죽음은 개인적 회한이나 인간관계가 아닌 공적 죽음으로 하나님 앞에서 위대한 인생을 끝맺음한다. 한 시대의 지도자였고, 하나님의 신실한 종으로 위대한 죽음의 모습만 나타나고 있다.

1. 자기 사명을 다한 죽음이었다.

생활의 문명이 발전할수록 인간은 장수하고, 사람은 누구나 오래 살기를 원한다. 그러나 실상 누가 몇 년 더 오래 살았느냐 하는 것은 중요하지 않다. 자기 인생을 어디에 어떻게 사용했느냐 하는 것이 더 중요하고 가치가 있다. 이 같은 인생의 생명 가치를 높여서 쓰고 있는 사람이 얼마나 될까.

모세는 자기가 이 세상에서 무엇을 하다가 하나님 앞에 가야 할 것인가를 아주 뚜렷하게 알고 살았던 사람이다. 처음 하나님의 부름을 받았을 때도 그 소명의 책임이 너무 막중하여 몇 번이고 사명의 길을 사양했지만(출 4:10~13, 6:12, 30절), 그러나 자기가 아니면 안 된다는 철저한 부르심의 소명을 받고 사명을 깨닫게 되자 단 한 번도 '못한다' '할 수 없다' 하지 않고 자기 목숨을 내놓고(민 14:4~5, 16:1~4 등) 책무를 다했다.

모세, 바울 같은 인생들은 "나는 선한 싸움을 싸우고 나의 달려갈 길을 마치고 믿음을 지켰으니 이제 후로는 나를 위하여 의의 면류관이 예비 되었으므로 주 곧 의로우신 재판장이 그날에 내게 주실 것"(딤후 4:7~8)이라 믿고 자기 책임과 사명을 다한 것이다.

2. 성취적 죽음이었다.

일반적으로 인간은 늙고 병들고 기력을 다하면 죽는다. 그리고 대다수가 이 땅에 무슨 미련이 남았는지 죽음 앞에서 후회하고 눈을 못 감는다. 예수님처럼 "다 이루었다"(요 19:30), 사도 바울처럼 "내가 달려갈 길을 마쳤다"(딤후 4:7), 모세처럼 "나는 평생을 만족하고 기쁘게 살았다"고 하나님께 감사하면서 죽음의 자리를 맞이할 수 있는 자가 얼마나 되겠는가. 자기 인생의 모든 일을 넉넉히 성취하고 완성한 자만이 할 수 있는 승리의 고백이다.

모세의 죽음은 여느 노인들처럼 늙고 쇠약해서 죽은 게 아니다. 그의 기력은 하나님의 은혜로 죽는 순간까지도 왕성(旺盛)했다. 모세 인생의 작품은 죽기 전에 모두 완성되어 하나님께 영광 돌렸고, 다음 인생의 작품은 후대(여호수아)에 물려주기 위해 명예롭게 은퇴한 것이다. 후회의 인생이 아니라 자랑스럽게 제2의 인생(영생)을 맞이하는 또 다른 영광의 생애로 나간 것이다.

3. 메시아의 구속사를 모신 죽음이었다.

하나님께서 아브라함에게 가나안 땅을 언약하시면서 이스라엘 민족이 반드시 그 땅으로 가야 하는 것은 거기서 이스라엘과 세계 만민을 구원하실 메시아가 구속사를 성취하러 오시기 때문이다. 구속사 완성의 순서는 ①이스라엘이 이방에서 객이 되어야 한다(창 15:13). 그러려면 누군가 먼저 이방의 땅 애굽으로 가야 하는데 하나님께서 야곱의 아들 요셉을 구속사 그릇(도구)으로 준비시키셨다. ② 이방에서 400년 동안 객(종)으로 있다가 해방되어 나와야 하는데(창 15:14), 그 일을 위해 이스라엘을 가나안 땅으로 인도할 영도자가 필요하다(창 15:16). 그가 바로 애굽 땅에서 태어난 모세였다. 족장들에게 언약하신 대로 80년 동안 준비시킨 모세를 통해 자기 백성 이스라엘을 언약의 땅 가나안에 구속사를 이루시기 위해 오실 메시아를 영접하게 한다. 따라서 모세의 가장 큰 사명은 가나안에 성탄 하실 메시아께서 구속사를 완성하시도록 해 드리는 것이다.

애굽에서 나온 지 42년 만에 모압 평지에 이른 이스라엘은 이제 요단강만 건너면 메시아께서 오실 대망의 땅에 들어가게 된다. 그때 하나님께서는 120세가 되도록 자기 사명을 다한 모세의 무거운 짐을 벗겨서 영원한 안식을 누리게 하시고, 그다음 일은 여호수아에게 맡겨 모세를 대신하게 하셨다.

4. 천성에서 상 받는 죽음이었다.

자기 백성의 출애굽과 오실 메시아의 구속사를 위해 40년 이상 불철주야 애 쓴 모세도 어느새 120세가 되었다. 고령의 몸이지만 언약의 땅 가나안에 들어가 새 일을 꿈꿔 보려고 했으나, '더 이상 출입하지 못할 정도로' (31:2) 노쇠해진 자신을 발견한 모세는 모든 백성 앞에서 자신의 직분과 구속사 사명을 중단한다는 성명을 발표한다. 그리고 하나님의 인도로 느보산에 올라가(34:1), 요단강 건너 멀리 언약의 땅 가나안을 바라보며 장엄한 최후를 맞는다. 영원한 천성의 세계로 영면(永眠)한다.

이제 구속사의 그릇(도구)으로 쓰임 받은 모세가 천성에서 할 일은 무엇인가? ①무궁한 안식에 참여한다(히 4:9~11). 자기 백성은 언약의 땅 가나안에 들어가 메시아께서 구속사 백성에게 주시는 안식을 누리게 되고(히 4:8~10), 모세는 천성에 들어가 성부께서 주시는 무궁한 안식을 누리게 된다. ②하나님이 주시는 보상을 받는다(마 16:27, 딤후 4:7~8). 모세는 구속사의 상을 원하고 있었다(히 11:26). 그렇기에 애굽의 왕좌와 부귀 영화를 그리스도를 위해 버린 것이다(히 11:24~25). 공의의 하나님은 모세에게 반드시 메시아 구속사를 위해 수고한 상을 주실 것이다. ③주 예수님의 재림을 기다리며, 주님과 함께 그의 영혼도 육체와 만나기 위해 하늘에서 그때 다시 내려오게 될 것이다(고전 15:42~44, 51~52, 살전 4:14~17 등).

저자 **이준일** 목사

광신대(14회), 총신신대원(68회), 숭실원(A.L.P 1회),
성경통독 6,600회(2020년 10월 7일)

섬김의 직책

숭실대 기독교문화연구소 성경 담당 / 기독교학술원 / 개혁신학회 감사 /
구속사 성경신학연구원장 / 동인천노회 성민교회 은퇴목사

연구현황

- 구속사 신약성경주해 완필, 구속사 성경해석과 설교집필중(역대상·하까지)
- 구속사 성경해석과 설교 창세기 출간, 하늘기획, 구속사성경신학연구원
- 구속사 성경해석과 설교 출애굽기 출간
- 구속사 성경해석과 설교 레위기 출간
- 구속사 성경해석과 설교 민수기 출간
- 구속사 성경해석과 설교 신명기 출간
- 구속사 성경해석과 설교 여호수아/ 사사기/ 룻기 출간 예정

저자 연락처

인천광역시 서구 가정로 387, 113동 1604호 (e편한세상 하늘채A)
032) 576-5294 구속사 성경 신학 및 교리 문의는 월-금요일, 12시-2시까지

구속사 성경신학연구회 연구모임

때 : 매월 세째주 금요일 9:30am-4:00pm
곳 : 인천광역시 서구 경서로 25번길 10 서해안교회

섬기는 이들

이 사 장 김동형 목사 (서해안교회 / 동인천노회) 010-3305-5780
서 기 장 원태경 목사 (서부중앙교회 / 동인천노회) 010-5234-4867
사무총장 김동천 목사 (주현교회 / 한남노회) 010-2902-2662
출판국장 유석희 목사 (신현동부교회 / 한남노회) 010-3343-1309
편집위원 박찬영 목사 (꿈의교회 / 동인천노회) 010-8470-0895

구속사 성경해석과 설교

- 신명기 -

발 행 | 초판 1쇄 2020년 11월 20일

지 은 이 | 이준일

편집위원 | 김동형 · 원태경 · 김동천 · 유석희 · 박찬영

편 집 처 | 구속사성경신학연구원

펴 낸 곳 | 하늘기획

마 케 팅 | 이숙희 · 최기원

관 리 부 | 이은성 · 한승복

북디자인 | 최수정

주 소 | 서울시 중랑구 상봉동 136-1 성신빌딩 B1

등록번호 | 제6-0634호

I S B N | 978-89-92320-40-5

총 판 | 하늘물류센터

전 화 | 031-947-7777

팩 스 | 0505-365-0691

※정가는 뒷 표지에 있습니다.

※잘못 만들어진 책은 구입한 곳에서 친절히 바꾸어 드립니다.